Albert Waag

Über Herders Übertragungen englischer Gedichte

Albert Waag

Über Herders Übertragungen englischer Gedichte

ISBN/EAN: 9783743652224

Hergestellt in Europa, USA, Kanada, Australien, Japan

Cover: Foto ©ninafisch / pixelio.de

Weitere Bücher finden Sie auf **www.hansebooks.com**

Über

Herders Übertragungen

Englischer Gedichte.

Von

Professor Dr. Albert Waag.

Beilage zum Jahresbericht

der

Höheren Mädchenschule zu Heidelberg

vom Jahre 1891/92.

Heidelberg.

Universitätsbuchdruckerei von J Hörning.

1892.

»Poet ist er am wenigsten da, wo er es sein will, am meisten, wo er unwillkürlich dichtet: in schwungvollen Stellen seiner Prosa, und wo die Seele eines andern Dichters in ihm webt: in seinen Nachdichtungen und Uebertragungen.« So konnte und musste Suphan in seiner mustergiltigen Ausgabe *) von Herders sämtlichen Werken (1, VIII) sagen von dem gewaltigen Manne, durch den Goethe die Richtung seines Wesens erhielt, von dem umfassenden Geiste, dessen Ideen in so vielen Dichtern und Denkern wirkten und wirken. Steht es nun ausser Zweifel, dass der Höhepunkt von Herders dichterischer Thätigkeit in seinen Nachbildungen fremder Erzeugnisse liegt, so dürfte es wohl gestattet sein zu betrachten, wie er sich in metrischer Form, in Ausdruck und Inhalt zu seinen Originalen verhält. Längst ist es ausgemacht, dass er die Gabe der Nachempfindung besass, wie Keiner vor ihm: aber von dieser zieht eine feine Linie bis zum vollen Hineinempfinden, wo seine ganze Seele sich ergoss, aus einem Tropfen ein Meer gestaltend. So ist nach der Seite des Inhalts eine verschiedenartige Behandlung zu beobachten, deren Gründe sich darauf zurückführen lassen, dass H. nicht nur ein Priester der Dichtkunst, sondern im besten Sinne ein Lehrer seines Volkes sein wollte: allzeit verherrlicht er die Wahrheit, die Natur gegenüber der Fälschung, allzeit strebt er nach den edelsten Empfindungen, immer sagt er nur, was sein moralisches Gefühl, sein Gewissen ihm eingiebt. Aber in der

---

*) Alle Angaben von Band- und Seitenzahlen ohne weiteren Zusatz beziehen sich auf dieselbe. — A. V. ist = Alte Volkslieder, V. = Volkslieder in Band 25. — Haym bedeutet dessen Herder nach seinem Leben und seinen Werken. 1880—85.

Wahl des Ausdrucks, wird man fragen, sollte auch hier eine
Absicht walten? Ist nicht H's Stil voll von Nachlässig-
keiten, ist er nicht eben darum vom grösseren Publikum weit
weniger gelesen worden, als er es verdient hätte? Wohl gilt
das in vollem Masse für seine Prosa, wo er schwelgt in dem
Reichtum des Wortvorrats und in der Mannigfaltigkeit der
Wortstellung, die Freiheit siegreich erkämpfend für den pro-
saischen Stil wie vorher Klopstock für den poetischen. Aber
der gleiche H. hat schon in seinen Literaturfragmenten
erkannt, dass auch bei der Beurteilung der Poesie genaue
Kenntnis des Materials der Sprache notwendig sei, dass
der Dichter, um zu ergreifen, die Sprache des Umgangs und
der Leidenschaft nachahmen müsse, nicht aber regellos,
sondern bewusst: sei doch auch Pindars Dichtung, dessen
lyrische Kunst auf dem höchsten Gipfel stehe, nicht das Werk
wilder Phrenesie, sondern setze viel Wahl und vortreffliche
Kunst voraus, wie H. unter seinen Betrachtungen über stilistische Unterschiede mehrerer Schriftsteller bemerkt (II, 83).
So dürfen wir auch bei seinen Uebertragungen — um seine
eigenen Worte zu gebrauchen — den Mittelstrich zu zeigen
versuchen, wie er seinen beiden Sprachen nicht auf ein Haar
zu nahe getreten ist (II, 107, wo H. Abbts Lit. Briefe bei-
zieht). Dass nun H. auch über die Bedeutung der metrischen
Form von frühester Zeit an nicht im Zweifel war, das können
wiederum schon die Literaturfragmente zeigen, wo er
frägt: »Wenn wird man aufhören, die besten englischen
Schriftsteller durch Uebersetzungen zu verunstalten, und
Prior, Milton, Young in elende oder mittelmässige Hexameter
zu übersetzen: ein Sylbenmaas, an das sie nicht im Traume gedacht haben? «(I, 217.) Oder man höre sein etwa gleichzeitiges
Urteil über die Ossianübersetzung von Denis: Ossian sei kurz
und abgerissen, der Hexameter aber fortwallend und fort-
schreitend; und wenn Denis lyrische Stellen reimend übersetzt,
so findet H. dies abscheulich (IV, 322 und V, 327). Von
deutscher Art und Kunst V,163 heisst es dann deutlich genug: »Schlagen Sie die Dodslei'schen Reliques of ancient Poetry
auf (= Percy's Reliques: s. Anm.), von Einem Ende zum andern;
übersetzen Sie was und wie schön Sie es wollen, aber ausser

dem Ton des Gesanges, und sehen Sie dann, was Sie haben werden!« Ebenso deutlich hat H. in dem Vorwort des zweiten Teiles der Volkslieder es ausgesprochen, dass der melodische Gang, die Weise des Liedes dessen Wesen ausmache, dass es beim Uebersetzen das Schwerste sei, diesen Gesangton einer fremden Sprache zu übertragen. »Die Hauptsorge dieser Sammlung ist also auch gewesen, den Ton und die Weise jedes Gesanges und Liedes zu fassen und treu zu halten«, sagt er dann und bemerkt bald darauf (XXV, 332 ff.): »daher ich alte Lieder wenig oder gar nicht geändert habe.« Wenn nun H. in manchen Fällen das Metrum trotzdem geändert hat, so haben ihn bei dieser grossen Achtung für das Ueberlieferte gewiss bestimmte Gründe geleitet, die zum Teil offen zu Tage liegen: sie hängen zusammen mit dem Ethos der Metren, welches zu verfolgen in letzter Zeit besonders Ten Brink aufgefordert hat: »Denn in künstlerischer Darstellung,« wie er sagt, »und zumal in echter Poesie, hängt Alles auf das innigste zusammen. Auch das Stofflichste, Aeusserlichste in der Dichtung ist nicht bloss um seiner selbst willen, nicht bloss seiner eigenen Wirkungen wegen da, sondern drückt ein Geistiges aus, und nur deshalb bildet es einen integrierenden Teil der Darstellung.« (Ten Brink, Ueber die Aufgabe der Literaturgeschichte, Rectoratsrede. Strassburg. 1891. S. 11).

Nun unternehme ich es aber nicht, H. auf seinen vielfachen Wegen zu folgen, wie er zum »Aufruf zu einer Verjüngung der nationalen Poesie« (Suphan, Zs. f. dt. Ph. III, 469) die Lieder der verschiedensten Völker erklingen liess: ich beschränke mich darauf, seine Nachbildungen englischer Gedichte zu betrachten. Wohl kann bei einer solchen Beschränkung kein abgeschlossenes Bild seiner Uebersetzungskunst entstehen, aber die Behandlung der englischen Gedichte kann am besten einen Begriff von jener geben, denn diese standen ihm am nächsten schon in der wichtigen Zeit seiner Entwicklung. Kein anderer war sein Lehrer im Englischen und weihte ihn in Shakespeare ein als Hamann, »der Magus aus Norden,« der ihm zuraunte, dass die Poesie die Muttersprache des menschlichen Geschlechts sei, der am gewaltigsten auf die Entfaltung seines Wesens einwirkte, der ihm predigte, dass Alles, was der Mensch leiste, aus einer Vereinigung aller seiner Kräfte hervorgehen müsse (Haym I, 139 u. 146). In den Volksliedern sodann bekundet H. seine Vorliebe für die englischen Gedichte durch den Umfang der Uebersetzungen und ihre günstige Beurteilung. Sagt er doch in der Einleitung des zweiten Teils: »Der Anblick dieser Sammlung gibts offenbar, dass ich eigentlich von Englischen Volksliedern ausging und auf sie zurückkomme« (25, 328), und in den Alten Volksliedern nannte er den ersten Teil »Englisch und Deutsch« und den zweiten »Englisch-Nordisch und Deutsch«. Es kann nicht meine Aufgabe sein zu erörtern, wie weit H's Kenntnisse in den einzelnen Sprachen seiner Originale gingen, wobei nicht zu vergessen ist, dass ihm manche nur durch die Vermittelung des Lateinischen zugänglich waren; ich erinnere nur daran, dass er sich »aus Noth« um etwas Spanisch bewarb und sich bei Bertuch in die Lehre begab (Haym II, 90): das aber bedarf keines Beweises, dass unter den modernen Sprachen der Poesie — von den wenigen französischen Liedern sehe ich ab — ihm das Englische am nächsten stand. Aber auch in sofern darf die Beschränkung auf die englischen Gedichte erlaubt erscheinen, als ja hauptsächlich unter ihrem Einfluss uns die edle Ballade wiedergeboren wurde.

Der grösste Teil der Nachbildungen englischer Gedichte, die ich in ihrem ganzen Umfange beiziehe, befindet sich in den schon öfters genannten Volksliedern, andere hat C. Redlich in deren Anhang zusammengestellt (Bd. 25), einige ganz frei bearbeitete stehen in Bd. 29 unter H's eigenen Gedichten, einige Uebertragungen aus neuerer Kunstpoesie in Bd. 27.

Die englischen Quellen hat H. zum Teil selbst angegeben, die anderen hat Redlich aufgefunden und verzeichnet, nur für zwei englische Lieder ist ihm dies nicht gelungen (siehe 25, XLX). Weitaus die meisten Originale finden sich in Percy's Reliques of ancient English Poetry, über deren Bedeutung für unsern Dichter Haym alles Nötige giebt (s. Register unter Percy). Die erste Ausgabe erschien 1765; H.

benutzte die zweite, London 1767 (vgl. Redlich, Anm. zu 25, 7), die mir durch die Güte der Königlichen Bibliothek zu Berlin zur Verfügung stand. Die andern Originale befinden sich, abgesehen von Liedern aus Shakespeare, der Zahl nach absteigend geordnet in: Wit and Mirth, or Pills to purge Melancholy: Being a Collection of the best Merry Ballads and Songs, old and new. Vol. I—V. London 1714; Essays on Song-writing. London 1771; A Collection of Poems in six volumes by several hands (gewöhnlich als »Dodsley's Collection« bezeichnet) Vol. IV. London 1758; Prior, Poems on several occasions. London 1718; Ramsay, The Evergreen. Vol. II. Edinburgh 1761; Ramsay, Tea-table miscell. Vol. II (mir nicht zugänglich; die betr. Originale sind abgedruckt in Ursinus, Balladen. Berlin 1777); ferner hat H. übersetzt einzelne Gedichte von Berkeley, Rob. Burns, Thom. Carew, Goldsmith, Ben Jonson, Pope, Swift, Thomson, Edmund Waller und Young, dazu in metrischer Form aus Macpherson's Ossian, Richardson's Clarissa und Shaftesbury's poetischer Prosa.*)

Bevor ich nun zu meiner eigentlichen Aufgabe übergehe, wird es interessant sein zu hören, wie sich H. über die früheren Uebertragungen englischer Lieder äussert, und wie er sich von denselben unterscheidet, zumal er im Schlusswort des ersten Teiles der Volkslieder bemerkt, es seien viele Stücke derselben so schlecht übersetzt und in solchen Uebersetzungen vervielfältigt worden, dass er sich einen Vorwurf machen würde, nicht sein Wort dazu zu geben und anderen etwa weiter einige Mühe zu benehmen (25,309).

Vollständig verurteilt H. die zwei Uebertragungen von Erich Raspe, welche dieser zugleich mit seinen trefflichen und so verdienstvollen Bemerkungen zu Percy's Reliques in der Neuen Bibl. der schönen Wissenschaften II, 1, 70 u. 86 im J. 1766 veröffentlichte: es ist Der entschlossene Lieb-

*) Um Häufung der Stellenangaben zu vermeiden, gebe ich am Schlusse ein alphabetisches Verzeichnis der Uebertragungen mit Beifügung ihres Standorts und desjenigen der Originale.

haber und Die schöne Rosemunde nach H's Benen-
nung. Ueber seine eigene Uebersetzung des ersten Gedichtes
sagt H. im Register 25, 306: »dies ist meines Wissens die
dritte Uebersetzung, und ich wollte, dass es auch die letzte
wäre«; auf die andere Uebersetzung Raspes bezieht er sich
einmal bei Besprechung einer schlechten Uebersetzung eines
anderen Gedichtes, indem er sagt, dass er in der eben
genannten Zeitschrift ausser dieses Machwerks »keine
schlechtere Uebersetzung kenne als etwa noch die Romanze
auf die schöne Rosemunde, die bei ihrer Romantischen edlen
Süssigkeit im Deutschen steif und missgeboren sei«. (Literaturfragmente II, 186). Raspe übersetzte beide Gedichte
reimlos, das erste im Versmass des Originals, das zweite in
einem anderen und äusserst prosaisch. — Auf eine zweite
Uebersetzung der Schönen Rosemunde weist H. nur hin,
indem er sagt: »ist bereits in der N. Bibl. d. sch. W. und
mich dünkt, sonst übersetzt gewesen;« sie ist von K. E. K.
Schmidt, und Ursinus (Balladen S. 350) sagt über sie, er
habe sie nicht aufnehmen wollen, »weil sie zu sehr vom
Original abweicht«, sie sei aber »indess immer eine schöne
Nachahmung«. Sie ist im Ausdruck wie im Versmass mit
Verzierungen ausgeschmückt, bewegt sich in einem über-
feinerten, konventionellen Hofton und wirkt bisweilen eher
komisch als ergreifend. — Ueber Alkanzor und Zaida
sagt H. (Von dt. Art u. Kunst V, 203), das Gedicht sei zweimal elend übersetzt, und Ursinus S. 307 ff. weist mit Proben
diese zwei Uebersetzungen nach aus den Unterhaltungen,
Hamburg 1770, und aus J. W. Collin, Oriental. Ec-
logen (vgl. Redlich, Anm. zu 25, 75) und urteilt darüber:
»Ihre Verfasser haben durchaus wörtlich übersetzen wollen …
und ein Etwas gemacht, das weder zu hören noch zu lesen
ist.« Beide Uebersetzungen sind äusserst nüchtern, beide im
Versmass, das Percy I, 364 in seiner englischen Uebersetzung
wählte, die Strophe mit 4 Versen von 4 Trochäen, der zweite
und vierte Vers mit männlichem Ausgang, aber diese beiden,
in Gegensatz zu Percy, reimlos: dies wirkt sehr unbefriedigend, fast abstossend, da man bei diesem Versmass
förmlich auf jenen Reim wartet. — Ursinus (S. 46) gab

übrigens auch eine eigene Uebersetzung des Gedichtes, auf
die sich H. im Register der V. (25, 300) bezieht, ganz in der
Form Percy's, aber weniger treu in den Wendungen als die
H'sche und doch prosaischer als diese. Am gleichen Orte
weist H. auf Ursinus' Uebersetzung von dem Gedicht Das
Mädchen am Ufer hin: es gilt über sie das gleiche Urteil.
— Ebenso wie Ursinus wird Eschenburg als Uebersetzer
englischer Lieder von H. nicht getadelt: rühmt H. doch auch
dessen Uebersetzungsgeschick bei Shakespeare (Haym I, 479).
Gretchens Geist und Röschen und Kolin von Eschenburg sind wohl etwas zu elegant: H. hat diese Gedichte absicht-
lich »simplificiert« (25, 302) Dass er Eschenburgs Uebersetzung
des Entschlossenen Liebhabers nicht für vollendet hielt,
ist aus der obigen Bemerkung (S. 5 f.) zu seiner eigenen Uebersetzung zu ersehen. Heinrich und Kathrine von Eschenburg ist etwas gezwungen: H. ist einfacher und natürlicher
und kommt dem Original im Ausdruck näher. Die Uebersetzungen Eschenburgs hat übrigens Ursinus in seine
Balladen aufgenommen. — Trotz mancher Mängel bedeuten
nun Ursinus und Eschenburg gegen Raspe, K. E. K. Schmidt
und Collin einen grossen Fortschritt; der Ton, den diese noch an-
schlagen, kann uns übrigens nicht verwundern bei dem elenden
Zustande der deutschen Romanze vor H's Auftreten. Von
jener Zeit des Bänkelsangs giebt P. Holzhausen, »Die Ballade
und Romanze von ihrem ersten Auftreten in der deutschen
Kunstdichtung bis zu ihrer Ausbildung durch Bürger« (Zs. f.
dt. Ph. 15, 129—193 u. 297—344) ein lebendiges, farbenreiches
Bild.

Nach diesen einleitenden Bemerkungen bespreche ich

I. Die metrische Form

von H's Nachbildungen englischer Gedichte. Entsprechend
seiner Aeusserung, er habe die Weise alter Lieder wenig
oder gar nicht geändert (25, 334), hat er

a) genau nachgeahmt

alte Balladen wie Rosemunde, Edward, Wilhelms
Geist, Junker Waters, Die Judentochter, Murrays
Ermordung, Die Chevy-Jagd, weil deren Wesen ihm
von der Form unzertrennlich schien. Welchen Eindruck der
Rhythmus von Edward z. B. auf ihn machte, zeigt seine Bemerkung: »Und welch ein Gang im Liede! Zwischenpausen
voll Schmerz, Grimm und tiefer verschlossener Noth!« (25, 19).
Daneben treten als genaue Nachahmungen Lieder mehr lyrischen und sentimentalen oder philosophierenden Inhalts,
z. B. Das Eine in der Natur, Lied aus dem Gefängnis, Röschen und Kolin, Glückseligkeit der Ehe,
Menschenreformation, Chloris. Im ganzen haben,
Stücke aus Shakespeare abgerechnet, etwa 40 Lieder die
gleiche metrische Form wie im Original. Dagegen sind

b) leicht geändert

etwa 30, wovon ich einzelne Fälle herausgreife, bei denen
die Gründe der Aenderung ersichtlich scheinen. So hat Nach
einer englischen Ballade nur Reim der geraden Verse,
im Englischen auch der ungeraden und zwar auch mit klingendem Ausgang. H's Form gewinnt freiere Bewegung und
ist lebhafter, was zu dem erregten Stoffe besser passt. —
In der Goldenen Hochzeit schiebt H. zwischen dem vorletzten und letzten Vers einen Zwischenvers ∪ – ∪ ein, benutzt denselben in Str. 1 und 3 zur wirkungsvollen Wiederholung eines Wortes und hebt den letzten Vers bedeutungsvoll hervor. — In der Todtenglocke verwandelt H. den
leierhaften englischen Refrain von 4 dreitaktigen Versen in
3 viertaktige und einen dreitaktigen, der in weihevoller Weise
die Worte »Ein Blümchen Rosenroth« hervorhebt. — In den
Drei Fragen lässt er den ebenfalls leierhaften Refrain
ganz weg und macht noch eine geschickte Aenderung, indem
er die drei Strophen der Fragen und die drei der Antworten
durch 5 Jamben aus den umrahmenden Strophen von 4 Jamben
hervorhebt: im englischen Gedicht stehen dagegen in allen
Versen nur 4 Jamben. — Ueber Wilhelm und Margreth

sagt H. im Register (25, 302): »Wenn bei diesem und ähnlichen Liedern die Anzahl der Sylben das Versmaas überläuft und gleichsam überschwemmet, so liegt in der Uebersetzung wohl nicht der Fehler darinn, dass man nicht vier Füsse und acht Sylben zählen konnte, oder sie sammt züchtigen, niedlichen Reimen hätte finden können, sondern weil das Original im Ton und Gange damit Alles verlohren haben würde.« Er weist damit selbst darauf hin, dass er sich etliche überlange Verse, manche Wortkürzungen und ungenaue Reime erlaubte, wie: »drauss'n: aus«, »schläfst: Leichenstät«, »klink: in«, »hinten: Linde«; er wollte eben treu im Ausdruck sein selbst auf Kosten der Form. — Interessant ist H's Verhalten gegenüber den beiden spanischen Romanzen, die Percy ins Englische übersetzte in Strophen von 4 Versen mit je 4 Trochäen, die ungeraden klingend und reimlos, die geraden stumpf und reimend: während H. Alkanzor und Zaida in den A. V. und dann auch in den V. in dieser Form nachahmte, übersetzt er das andere spanische Gedicht Der blutige Strom in den V. reimlos in lauter vierfüssigen Trochäen mit klingendem Ausgang, dem stolzen Schritt der spanischen Strophe. Wie richtig er gefühlt hat, indem er die spanischen Assonanzen nicht nachzuahmen versuchte, das zeigen am besten die späteren Uebersetzungen dieses Gedichtes von Ed. Hitzig und von Seckendorf, auf welche Redlich (Anm. zu 25, 263) hinweist: der erstere übersetzt in Chamisso und Varnhagens Musenalmanach 1804, S. 66 mit Assonanz der geraden Verse auf »i«, der letztere in seinem Musenalmanach 1807, S. 122 auf »a«. Aber diese überschlagenden Assonanzen fallen kaum ins Ohr, und über dem Streben nach dieser für die deutsche Sprache so schwierigen Kunstform bewegen sich beide Uebersetzer in gezwungenen Sätzen.

Ich gehe nun zu den Gedichten über, deren Form H.

c) vollständig umgewandelt

hat, eigentlich nur 4 an der Zahl. Dazu gehört zunächst Jugend und Alter, die Umarbeitung eines Shakespearschen Sonetts, dem H. die Form eines Bechers giebt, worauf er selbst hinweist: »In Schottels Vers- und Reimkunst findet

man Verse der Art, wenigstens des Anfangs in Becher-
gestalt — ein Figurenspiel, das, wie bekannt, selbst die
lieben Griechen gespielt haben« (25, 52; vgl. Anm. dazu).
Der freie, z. T. dithyrambische Rhythmus H's ist dem feurigen
Inhalt entsprechend. — Das Gedicht **Eroberungssucht**
ist durch eine Strophe von Prior angeregt worden: H. wählt
aber nicht dessen Form a b a b von 4 Jamben, b klingend, sondern eine achtzeilige a b a b c c d d, jambisch 4, 3$\cup$, 4, 3$\cup$, 4, 4,
3$\cup$, 3$\cup$ und erhält auf diese Weise ein weit lebendigeres Metrum, wie es der fast neue Inhalt des Gedichtes erheischt (vgl.
über den Inhalt s. u.). — **Wein und Wasser** ist ebenfalls eine freie Bearbeitung einer Strophe von Prior. Dieser
hat drei Reimpaare fünffüssiger Jamben, H. dagegen wählt
reimlosen freien Rhythmus mit dithyrambischem Schwung, der
dem **blitzgeborenen Bacchus** weit besser ansteht als
das eintönige englische Versmass. — In ähnlicher Weise ist
die **Aeolsharfe**, nach Thomson, geändert; während dieser
steife Strophen a b a b mit fünffüssigen Jamben anwendet,
dichtet H. in reimloser Strophe

$$-\cup\,|-\cup\cup\,|-\cup$$
$$-\cup\,|-\cup\cup-|-\cup\cup\,|-\cup\,|-$$
$$-\cup\,|-\cup\cup\,|-\cup$$
$$-\cup\,|-\cup\cup\,|-\cup\,|-$$

was dem Thema viel congenialer ist. — Diesen vollständig
geänderten Formen schliesse ich die metrischen Uebertragungen

d) aus englischer Prosa

an. Hierher gehört der **Naturhymnus** nach **Shaftesbury's** schwungvoller Prosa in den **Moralists**, welche H.
in reimlose Strophen umgegossen hat, und zwar ist der erste,
dritte und fünfte Gesang in der alcäischen, der zweite und
vierte Gesang in der asklepiadeischen Strophe gedichtet, in
weihevollen Formen, die des erhabenen Inhalts würdig sind.
— Ferner hat H. aus **Richardson's Clarissa** eine Stelle
entnommen und als Gedicht **Das Rosenknöspchen** benannt. Es ist die poetisch schöne Stelle, wo Clarissa ein-

geführt. wird. Schon Richardson hat in seiner packende
Prosa eine Art von Refrain: »I call her my Rose-bud ..
do not crop my Rose-bud ... spare thou my Rose-bud« un
bei H. finden wir dann einen variierenden Refrain nach de
meisten Strophen, die reimlos sind und aus vierfüssige
Jamben mit klingendem Ausgang bestehen, von 7, 7, 8, 7, 8
7, 5, 5 Versen. Ob die Korrespondenz der Versanzahl Zufa
ist? In der Aushebung jener Stelle beweist H. wieder sei
feines Gefühl für das Ergreifende; an seine Braut schrieb e
Ende Sept. 1771: »Ich habe zwei Theile der Clarissa gelese
nächstens Etwas! auch Lieder!« (s. Redlich, Anm. zu 25, 553)
— Schliesslich gehören hierher die Uebertragungen aus Mac
pherson's Ossian, den H. ja so vielfach gepriesen ha
Interessant dabei ist, dass er im Silbernen Buch 177
(s. 25, XVIII) das erste Stück Todeslied auf eine
Helden in Reimpaaren überträgt, die beiden folgenden A
den Mond und Trauergesang eines Mädchens reim
los, aber fast in gleichen Strophen: die V. dagegen über
tragen 1779 in freiem Rhythmus, und H. sagt selbst hierübe
1769 in der früher erwähnten Anzeige von Denis' Ueber
setzung des Ossian (vgl. S. 2), er selbst habe »einige Ossia
nische Stücke vor geraumer Zeit in das freie Klopstocksch
Metrum poetisch zu erheben gesucht«. Diese spätere
Stücke der V. bewegen sich bald in Jamben, bald in Trochäe
und Daktylen mit Versen von 4, daneben von 3 und 5 He
bungen, mit Strophen von 4, daneben von 6 und 8 Verse
u. s. w. Sicherlich werden diese freien Rhythmen der abge
rissenen, feurigen Sprache Ossians gerecht.

II. Ausdrucksweise.

Wie sehr H. sich der Bedeutung des sprachlichen Aus
drucks für die Wirkung eines Gedichtes bewusst war, hab
ich im Eingang angedeutet (vgl. S. 2 f). Oft genug hat e
den »Wurf« der englischen Balladen gerühmt und dabei in de
Einleitung des 2. Teiles der A. V. auch auf die Ueberein
stimmung mit den deutschen in »Wendungen, Lieblingsworte

Flickworten« hingewiesen. (25, 66). So ist er bemüht, wo immer möglich, alles Charakteristische der Originale treu festzuhalten und nachzuahmen. Die stilistischen Kunstmittel, wodurch diese so wirkungsvoll sind und die eindringliche Sprache der Leidenschaft reden, Wiederholung von Wörtern, zum Teil mit Erweiterungen verbunden, Wiederaufnahme des Subjekts durch Pronomina, Anklänge und Wiederholungen von Versen und Strophen, dies Alles bildet er getreulich nach, wenn die deutsche Sprache sich irgend dazu fügen lässt. Geht dies nicht, so sucht er durch Einführung eines der anderen Kunstmittel Ersatz zu schaffen. In vielen Fällen schreitet er dann im Geist der englischen Dichtungen auf deren gegebenen Bahnen weiter und vermehrt die Anwendung jener Mittel, um den leidenschaftlichen, wirkungsvollen Ausdruck noch mehr zu steigern. Ich suche nun die Beweise für diese Erscheinungen nicht zu erschöpfen, sondern beschränke mich, Beispiele dafür anzuführen.*) Dass H's Stil zum Teil auch wohl von Klopstock beeinflusst ist, wird sich ergeben.

1. Wiederholung des gleichen Wortes oder der gleichen Wortgruppe,

was der Sprache der Leidenschaft so sehr eigentümlich ist, findet sich in den von H. übertragenen englischen Gedichten äusserst häufig.

a) Wie in den Originalen

wiederholt H. öfters die Personennamen in der Anrede. So entspricht in E d w a r d dem refrainartig wechselnden »Edward, Edward« und »Mither, mither« sein »Edward, Edward« und »Mutter, Mutter«; in R o s e m u n d e dem englischen »Rosamonde, fair Rosamonde«, »My Rosamonde, my only Rose«, »my Rose, my sweetest Rose« sein »Rose, schöne Rosemund,« »O Rosemunde, Rose mein« und »Rose, Rose mein«;

---

*) Die angeführten Stellen sind den V o l k s l i e d e r n entnommen, nicht den Alten Volksliedern, sofern dies nicht besonders bemerkt ist.

in Wilhelms Geist dem englischen »O sweet Margret!
O dear Margret« sein »O Gretchen süss, o Gretchen lieb«
mit genauer Beachtung der schmückenden Beiwörter. — Als
Beispiele von Wiederholung anderer Wörter unmittelbar nach-
einander mögen dienen: Alkanzor Str. 25 »in vain, in vain«
=»umsonst, umsonst« bei H.; Schiffer Str. 9 »O lang, lang«
englisch und deutsch; Wend', o wende, Str. 1 »Take, oh
take . . . away« = »Wend', o wende«, Str. 2 »Hide, oh hide«
= »Hüll, o hüll«; Alkanzor Str. 22 »Do not, do not break«
= »Brich, o brich nicht«. Wie in den drei letzten Fällen
wird der Imperativ öfters wiederholt. Im Wiegenlied Str. 3
ersetzt H. das englische »smile, but smile not as thy father
did« in schöner Weise durch eine andere Wiederholung
»lächle *doch, doch nicht* wie einst dein Vater that«. — In
O Weh, o Weh Str. 4 beginnt der erste Vers »'T is not
the frost« und der dritte »'T is not sic cauld,« bei H. entspricht »'s ist nicht der Frost,« »'s ist nicht die Kält'«, während es 1771 im Silbernen Buch, also früher, noch heisst
»Kein Nachtfrost nicht,« »nicht Kälte.« So hat H. erst später
die Wiederholung genau nachgeahmt: immer mehr suchte er
sich dem Original zu nähern, wie ich später noch zeigen
werde. In der Judentochter Str. 12 ist »wondrous heavy
. . . wondrous deip« wiedergegeben durch »wundertief . . .
wunderschwer«; in dem gleichen Gedicht enthält Str. 5, die
H. kühn fast Wort für Wort nachbildet, verschiedene Wiederholungen. Nur äusserst selten hat er solche

b) weggelassen,

wohl durch das Versmass genötigt, das bei den vielen kurzen
Wörtern des Englischen eine Wiederholung zulässt, der die
deutsche Sprache nicht folgen kann. So entspricht in dem
gleichen Gedichte Str. 9 »sair sair gan she weep« dem deutschen »fing an zu weinen sehr«. Weglassung von Wiederholung
der gleichen Wörter ist mir sonst nur noch aufgefallen in
Junker Waters Str. 6 »I've sene lord, and I've sene laird«
= »Ich sah wohl Herrn und Frauen viel«; Röschen Str. 7
»But know, fond maid, and know, false man« = »Du armes

Mädchen, falscher Mann«; Alkanzor Str. 3 »sometimes quick and sometimes slow« = »Horchet, schleichet, lauschet nach«, wobei die Wirkung des englischen Kunstmittels durch die drei asyndetischen Zeitwörter ersetzt wird.

Je seltener nun H. die Wiederholungen der Originale weggelassen, desto häufiger hat er solche

c) eingesetzt,

wofür ich verschiedene Beispiele geben will. So ist in Heinrich und Kathrine Str. 5 »She in a dream the secret told« = »Ein Traum, ein Traum hat's offenbart«; Rosemunde Str. 21 »twenty times« = »zwanzig, zwanzig male«; Murray's Ermordung Str. 2 »Now wae be to thee« = »O weh dir, weh dir«; König Esthmer Str. 64 »As plainly thou mayest see« = »Blick auf, blick auf und sieh«; Chevy-Jagd Str. 37 »Fyghte ye« = »Fecht zu, fecht zu«. — Als Beispiele für die Einsetzung parallel gebauter Sätze mögen dienen: Nach einer alten englischen Ballade Str. 6 »she awakes« = »Da wacht sie auf! da springt sie auf«; Junker Waters Str. 9 »For a' that she could do or say« = »Doch was sie sagt' — doch was sie thät« in V., in A. V. aber noch nicht so vollendet »Doch was sie sagen konnt und thun«; Wilhelms Geist Str. 1 »tirled at the pin« = »Und drückt' am Schloss und kehrt' am Schloss.« Paralleler Satzbau mit chiastischer Stellung, vielleicht durch Klopstock beeinflusst, der die Wiederholung von Wortgruppen auch in der Stellung a b b a sehr liebte, findet sich eingesetzt in Röschen Str. 10 »Then what were perjur'd Colin's thoughts? How were those nuptials kept?« = »Ach Bräutigam, wie war dir da? Wie war dir da, o Braut?«; Wilhelm und Margreth Str. 14 »With that bespake the seven brethren, Making most piteous mone« = »Einsprachen da die sieben Brüder, Gar traurig sprachen sie drein«; Rosemunde Str. 20 »falling down« = »Sie sank, in Ohnmacht sank sie hin«; Chevy-Jagd Str. 60 »His handdes dyd he weal and wryng« = »Die Händ er rang, er rang sie sehr«. Hier ersetzt H. durch das stilistische Mittel der Wiederholung zwei synonyme Zeitwörter, vielleicht auch deren Alliteration.

Ich reihe hier einige Stellen an, wo H. in prägnanter
Weise zwei gleiche oder ähnliche Wörter gleichen Stammes
einführt, während im Englischen Wörter verschiedenen
Stammes stehen. So heisst es in Edward Str. 7 »And quhat
wul ze *leire* to zour ain mither deir?« und dann im über-
nächsten Vers »The curse of hell frae me sall ze *beir*,« bei
H. aber »Und was willt du *lassen* deiner Mutter theur?«
»Fluch will ich euch *lassen* und höllisch Feur«. Ein andres
Beispiel bietet Röschen Str. 8 »He in his wedding-trim
so gay, I in my winding-sheet« = »Er zieht *geschmückt* als
Bräutigam, Mich *schmückt* ein Leichenkleid,« wobei H. wiederum die Alliteration ersetzt; Todtenglocke Str. 8 »Instead
of fairest colours Set forth with curious art Her image shall
be painted On my distressed heart« = »Statt *Bildes* schöner
Farben Gemalt mit Kunst und fein, Will ich ihr *Bildniss*
mahlen Tief in mein Herz hinein«; König Esthmer Str. 57
»For and thou *playes* as thou beginns, Thou'lt *till* (= »entice«
Anm. bei Percy) my bryde from mee« = »Denn *spielst* du
fort, als du beginnst, Meine Braut *entspielst* Du mir«, was
eine sehr wirkungsvolle Verbindung ist. Ich bemerke beiläufig,
dass H. auch im Cid derartiges einführt, wie z. B. 3, 7 »*Abzuthun*
die *angethane* Schande,« dem in der franz. Vorlage »se lave de la
tache qu'ils ont imprimée« entspricht (s. Voegelin, H's Cid,
die franz. und span. Quelle. S. 15).

2. Erweiternde Wiederholungen.

Hierunter verstehe ich die Wiederholung eines Wortes
oder einer Wortgruppe mit Hinzufügung einer neuen Bestimmung, ein stilistisches Kunstmittel, das H. äusserst häufig anwendet, und zwar

a) wie in den Originalen

zum Beispiel in der Chevy-Jagd Str. 24 »That day, that
day, that dredfull day« = »Den Tag, den Tag, den grausen
Tag«; Schottische Ballade Str. 4 »O it's I'm sick,
and very very sick« = »Krank bin ich, Gretchen, herzlich
krank«; Liedchen der Desdemona (25, 287) »O willow,

willow, willow! Sing, O the greene willow shall be my garland«
zusammengezogen in »singt Weide, grüne Weide«; Richard III (25, 49) »Richard, thy wife, that wretched Anne
thy wife« = »Richard, dein Weib, dein unglückselig Weib«;
ebenda (25, 50) »Perjury, perjury in the high'st degree!
Murder, stern murder, in the dir'st degree« = »Meineid!
o Meineid von der höchsten Art! Mörder! ein Mörder von
der ärgsten Art«.

b) Weggelassen

hat H. solche erweiternde Wiederholungen, soweit ich bemerkt
habe, in keinem Falle, dagegen hat er sie sehr häufig

c) eingesetzt,

wofür wiederum Richard III. ein Beispiel bietet in den oft
angeführten Worten (25, 50): »Give me another horse« =
»Ein Pferd! ein ander Pferd!«; ferner Oberon zu Puck
(25, 113): »the rude sea« = »die See, die wilde See«;
Röschen Str. 3 »Too well« = »wohl, zu wohl«; Wiegenlied
Str. 2 »with his sugred words« = »süss, so süss«; Str. 1
»Balow, my babe, lye still and sleipe« = »Schlaf sanft, mein
Kind, schlaf sanft und schön«; Schottische Ballade Str. 6
»Adiew, adiew, my dear friends all« mit einfacher Wiederholung = „Lebt, Freunde, wohl, lebt ewig wohl« mit Er-
weiterung; ebenso Strophe 8 »she heard the deidbell knellan;
and everye jow the deidbell geid« = »Die Glocken begannen
zu läuten! Die Todtenglocken«; Todtenglock ein Refrain
»My Phillida is dead« = »sie ist todt, sie ist nun todt«;
Gretchens Geist Str. 5 »she dy'd before her time« =
»starb, ... starb so früh«; Schottische Ballade Str. 2 »He
sent his man down through the towne« = »Und sandt hinaus,
sandt schnell hinaus,« wobei H. vielleicht den Binnenreim, der
nur in dieser Strophe auftritt, durch das Kunstmittel ersetzen
wollte; Str. 7 »death of life had reft him« = »Da wo er starb,
für sie da starb«; Knabe mit dem Mantel Str. 10 »As
sheeres had itt shread« = »geschnitten, ringsum geschnitten
ab« wohl mit Ersetzung der Alliteration.

Die angeführten Beispiele werden gezeigt haben, dass H. für die erweiternden Wiederholungen grosse Vorliebe hat. Diese beschränken sich aber nicht auf die Lieder aus dem Englischen, sondern finden sich auch häufig in andern Uebertragungen, ohne dass immer die Originale dieselben aufweisen, wofür ich zunächst aus der Sammlung der A. V. und V. Belege geben will. So heisst es in den Proben aus Sappho (25, 87) „Selig! Selig! o Himmelsgötterselig", was den Worten der griechischen Dichterin entspricht Φαίνεταί μοι χῆνος ἴσος θέοισιν (Bergk, poet. lyr. graeci III Sappho No. 2). — In den Liedern aus dem Nordischen findet sich die Stelle „Auch du wirst Runen finden und Zeichen, Mächtige Zeichen, grosse Zeichen" (25, 473); sie lautet in der Vorlage Ethica Odini ed. Resenius, Hafn. 1665, Blatt C „Run muntu finna og Rädna staffe, miog stora stafe miog stinna stafe," darunter lateinisch „Runas invenies et resolutas literas, praegrandes literas, praevalidas literas". — Die Stelle in Elvershöh. Dänisch „Meine Jungfraun soll'n dir Lieder singen, die schönsten Lieder zu hören" kann ich nicht mit dem Original vergleichen, da mir die Vorlage H's, Kiämpe-Viiser. Koppenh. 1739, in dieser Ausgabe nicht zugänglich, sogar in der Königl. Bibliothek in Berlin nicht vorhanden ist.

In den Liedern aus dem Litthauischen finden sich die Stellen „Krank ist dein Mädchen, O! krank von Herzen"; „Wirds dir nicht besser, Mädchen? Nicht besser, junges Mädchen?" (25, 143); ferner „Warum liegst du hingelehnt, mein Mädchen? Warum hingelehnt, mein junges Mädchen?"; „O mein Kränzel, o mein schwarzes Kränzel" (144); „Lebe wohl nun, Mutter, liebe Mutter! Lebe wohl nun, Vater, lieber Vater"; „Erflеh dir, Liebster, Den Wind, den Nordwind" (145). Die Quellen können nicht verglichen werden, da H. die Gedichte von einem Freunde Hamanns schriftlich erhielt (25, 299 und Anmerkg. zu 143*). In dem Abschied einer

---

*) Direktor C. Redlich, dem ich auch an dieser Stelle für seine liebenswürdige Auskunft bestens danke, teilt mir gütigst mit, er nehme an, dass H. überhaupt nur Uebersetzungen dieser Gedichte handschriftlich erhalten und fast wörtlich benutzt hat; ein späterer Druck der Originale sei ihm nicht bekannt.

heiratenden Tochter (88) = Brautlied (404) finden sich
ebenfalls etliche erweiternde Wiederholungen, und zwar in
den V. zum Teil in etwas anderer Form als in den A. V.
H. weist auf Lessings Literaturbriefe II, Brief 33, auf
Gerstenbergs Versifikation im Hypochondristen I, 118*)
und auf Ruhigs litthauisches Wörterbuch S. 75 als
Quelle hin. Ich beschränke mich darauf zu bemerken, dass
von den 4 erweiternden Wiederholungen H's nur die eine
„O du mein Härlein, mein gelbes Härlein" (405) bei Lessing,
der Ruhigs Uebersetzung abschreibt, eine Entsprechung hat
in der Form „Mein Haarlein, mein gelbes Haarlein". — Das
Gedicht Das Ross aus dem Berge aus dem Böhmi-
schen enthält die Stellen „Würget Haufen, arme Haufen
nieder", „Und es wallen Haufen, arme Haufen" (25, 615); H's
Quelle ist die lateinische Prosa in Hagek, Annales Bohe-
morum, 1763 II, 540—565, und an den entsprechenden Stellen,
Seite 543 und 556, findet sich keinerlei erweiternde Wiederholung. — In den Lappländischen Liedern steht „mein
Rennthier, kleines Rennthier" (92) = „Rennthierchen, lieb
Rennthierchen" (271), „Rennthier, liebes Rennthier" (92),
ohne dass in der lateinischen Uebersetzung, nach der H. gearbeitet hat, Scheffers Laponia 1673, Cap. XXV, S. 282—284
ein Vorbild zur erweiternden Wiederholung wäre, dagegen
ist dort „All' die Zweige wollt ich ihm nehmen die grünen,
frischen Zweige," (93) = „Ich schnitt' ihm ab die Zweige, die
jungen frischen Zweige, Alle Aestchen schnitt' ich ihm ab,
die grünen Aestchen" (406) = „omnes ramos praesecarem, hos
virentes ramos", ferner „Hätt' ich Flügel, zu dir zu fliegen,
Krähenflügel" (406) = „volare possem alis, cornicum alis",
„Aber mir mangeln Flügel, Entenflügel, rudernde Füsse der
Gänse" (93) = „Aber mir fehlen die Flügel, Entenflügel, Füsse,
rudernde Füsse der Gänse" (406) = „mihi desunt alac, alae
querquedulae pedesque, anserum pedes planae et bonae", „so
viele Tage! deine schönsten Tage" (93 u. 406) = „per tot dies,
tot dies tuos optimos". — In dem peruanischen Liede An

---

*) Strophe 2 lautet hier »Such, Mütterlein, dir nur Ein Spinnerlein,
Spinnerlein klein, —: Und Weberlein«. Sonst ist keine erweiternde Wiederholung vorhanden.

die Regengöttin ist auch eine hierher gehörige Stelle
„Und dann giebest du uns Regen, Milden Regen" (469); in
der lateinischen Uebersetzung, H's Vorlage (Allgem. Historie
der Reisen XV. Leipzig 1757. S. 555. Anm. a) heisst es aber
nur „Tuas pulchras aquas Nobis das pluendo". — Ich wende
mich nun zu H's spanischen Romanzen. Die Originale
derselben enthalten viele einfache Wiederholungen, und statt
zusammengezogener Sätze besonders auch bei Vergleichungen
ist das Zeitwort zweimal gesetzt — was der Sprache sinn-
liche Fülle giebt — bisweilen in chiastischer Stellung von
Subjekt und Prädikat: diese Eigentümlichkeiten hat H. meist
nachgeahmt und dazu erweiternde Wiederholungen eingeführt,
für welche in den Originalen häufig kein Vorbild ist. So
entspricht zwar die Stelle „Ich, Sennor, kämm' mir die Haare,
kämme sie mit grossem Schmerz" (626) genau dem Spanischen
„señnor peyno mis cabellos peyno los con gran dolor*)", aber
dies ist keine eigentliche erweiternde Wiederholung, da durch
die Setzung von „los" zwei vollständige Sätze entstehen,
und so in anderen Fällen, auch von H. selbständig hergestellt,
wie „Wohl erkennt sie ihren Gazul, Kennet ihn am Wurf der
Lanze" = „Zaida bien le reconoce en el tirar de la caña."
Kein Vorbild im Spanischen hat die erweiternde Wiederholung „dass die Stunde komme, endlich komme" (153),
und „Glücklich leben nun die Beiden, Glücklich und in vollem
Hoffen" (578) ist = „contentos viven los dos con colmadas
esperanzas"; „Küste, die dort neblich blicket, du berühmte,
helle Küste" (581) = „O sagrado *mar* de España, famosa
playa y serena". Dazu finden sich nun auch in H's Cid viele
erweiternde Wiederholungen, die neben anderem den weihevollen Ton der Sprache erzeugen; teilweise sind sie schon
in dem französischenTexte der Bibliothèque universelle
des Romans 1782 · 84 vorhanden (vgl. über die Quellen:
R. Köhler, H's Cid u. seine franz. Quelle. 1867 und Voegelin,
H's Cid, die franz. u. die span. Quelle. 1879; aus letzterem
Buch sind die folgenden Stellen der Vorlage entnommen).

---

*) Der Standort der span. Quellen ist von H. selbst oder von Redlich
in Bd. 25 angegeben

Ich greife einige Beispiele heraus: „Thränen rannen, stille
Thränen Rannen auf des Greises Wangen" = „En larmes,
toujours en larmes . . . et ne faisait que verser de nobles
larmes en silence" 4,1; „Rache, Krieger, blutge Rache" =
„Vengeance" 6, 11: „Vater wollt' er mir und Alles, Vater
und Gemahl mir seyn!" = „un époux et un père" 19, 11;
»Stracks erklangen die Trommeten, Die Trommeten und die
Zinken" = fehlt 24, 7; „Auf Zamora geht der Feldzug, Auf
die veste Stadt Zamora" = „marcher sur Zamora, la noble
Ville" 26, 1; „Trauer war noch in Zamora, Um den Tod des
grossen Königs Don Fernando tiefe Trauer" = „On n'avoit
point encore dépouillé dans Zamora le triste deuil de la mort
du grand Roi Ferdinand" 27, 1; „Thränen flossen, stille Thränen
Auf des guten Greises Wangen" = „Quelles larmes couloient
des yeux du Vieillard" 36, 8; „Dessen Leben Gott bewahre,
Gott mit aller seiner Macht" = „que Dieu protége de sa
puissance" 45, 1; „Geldessummen auf mein Wort. Auf mein
blosses Wort, Ximene" = „sur ma parole. Sur ma parole,
Chimène" 48, 13, indem die einfache Wiederholung erweitert
ist; „Jeder Fehl an ihr ist Brandmahl, Brandmahl auf der
schönsten Stirn" = fehlt 51, 3; „Lebte Cid jetzt, hochgefürchtet, hochgefürchtet und verehrt" = „vivia á placer en
ella Siendo temido y honrado" 56, 2; »Sendet Boten ab zum ·
König, Schnelle Boten" = „Despachó sus mensageros" 59, 6;
„Fahnen, gute, alte Fahnen" = „Vieilles, vénérables et la-
mentables et bannières" = „Banderas antiguas tristes" 67, 1;
„Alle riethen nachzugeben, Nachzugeben grössrer Macht" =
„et tout le monde lui conseilloit de se préter à la circon-
stance" 17, 5; „Du wirst zurück ihn wünschen, Wünschen
in der ersten Schlacht" = „tu ne la (son épée) redemanderas
pas jusqu'à la première bataille" 44, 3; „rufend, Rufend aus
mit seiner Eisenstimme" = „il éleva sa voix en disant, avec
un coeur d'acier" 51, 8.

Ich sehe nun ab von einigen erweiternden Wiederholungen, die sich zerstreut in der Terpsichore, jenen Uebertragungen H's nach dem Jesuiten Balde, und in anderen
Dichtungen H's in seltener Anzahl finden, und wende mich
zu den Uebersetzungen aus der Bibel, hauptsächlich den

Psalmen, welche H. in seinem genialen Werk Vom Geist der Ebräischen Poesie gegeben hat. Da finden sich die Stellen: „die Berge Israels zu segnen, zu segnen ewiglich" (11, 237) = „. . . die Berge Zion: Denn daselbst verheisst der Herr Segen und Leben immer und ewiglich" Ps. 133, 3; „Schön bist Du! vor den Söhnen der Menschen schön" (12, 217) = „Du bist der Schönste unter den Menschenkindern" Ps. 45, 3; „und unsre Töchter seyn wie schöne *Säulen, Bildsäulen* im Pallast" (12, 259) = „und unsere Töchter wie die ausgehauenen Erker, gleichwie die Paläste" Ps. 144, 12; „Bis dass vollendet war der Sieg, der Sieg für Israel" (12, 166) = „bis sich das Volk an seinen Feinden rächete" Jos. 10,13; „sie gab ihm Milch, in prächtiger Schale geronnene schöne Milch" (12, 176) = „Milch gab sie, da er Wasser forderte, und Butter brachte sie dar in einer herrlichen Schale" Richter 5, 25. In den angeführten Fällen hat H. erweiternde Wiederholungen hergestellt, dagegen folgt er darin dem Urtext an folgender Stelle: „Meine Seele dürstet hin zu Gott, zu dem lebendgen Gott" (11, 269) = Ps. 42, 3. Dazu vergleiche man nun noch andere Stellen der Psalmen, die von H. nicht übersetzt sind, wie „Die Stimme des Herrn zerbricht die Cedern, der Herr zerbricht die Cedern des Libanon" Ps. 29, 5; „darum hat dich Gott, dein Gott gesalbet" 45, 8; „Dass er ihn setze neben die Fürsten, neben die Fürsten seines Volks" 113, 8. Schliesslich denke man an die schönen Worte H's über den Parallelismus der Hebräischen Poesie: „Die beiden Glieder bestärken, erheben, bekräftigen einander in ihrer Lehre oder Freude. Bei Jubelgesängen ists offenbar: bei Klagetönen will es die Natur des Seufzers und der Klage . . . Sobald sich das Herz ergiesst, strömt Welle auf Welle, das ist Parallelismus. Es hat nie ausgeredt, hat immer etwas neues zu sagen. Sobald die erste Welle sanft verfliesst oder sich prächtig bricht am Felsen, kommt die zweite Welle wieder. Der Pulsschlag der Natur, dies Othemholen der Empfindung ist in allen Reden des Affekts und Sie wolltens in der Poesie nicht, die doch eigentlich Rede des Affekts sein soll?" (XI, 237). Mit dieser schwärmerischen Verehrung des Parallelismus hängt nun auch H's Vorliebe für die

erweiternde Wiederholung zusammen, die eigentlich nichts
ist als eine kürzere Form desselben: eine Vorstellung wird
zuerst im Hörer hervorgerufen, dann tritt neben sie, durch
den Zusatz einer Bestimmung bewirkt, eine etwas veränderte
Gestalt der Grundvorstellung, wie beim Parallelismus zu einem
Satz ein verwandter hinzutritt. Die Bibel hat H. in seiner
Jugend leidenschaftlich in sich aufgenommen, um ihrer willen
wurde er Geistlicher, „nicht aber um ihres Offenbarungsge-
haltes, ihrer Heilsthatsachen willen, sondern wegen ihres
poetischen Reichthums" (O. Baumgarten, H's Anlage und
Bildungsgang zum Prediger. 1888. S. 58). Was Wunder,
wenn sie ihn auch hierin beeinflusste? Nun sagt er aber auch
in seinem Werke über die hebräische Poesie: „Es wäre un-
billig, hier den Namen des Mannes zu verschweigen, der uns
Deutschen zuerst den wahren Ton des Ebräischen Psalms
näher gebracht hat, Klopstock. Die simpelsten seiner
Oden, insonderheit in aufgelösten Zeilen, sind Töne aus Davids
Harfe" (XII, 227). Durch die Bibel ist Klopstock ein Ver-
ehrer des Parallelismus und wohl auch ein Freund der erweiternden Wiederholung geworden, die er ja so vielfach
ausübt, wie in den Oden z. B. „Dieses Auge, Ach dies von
Zärtlichkeit volles Auge" (I, 15. Stellen nach Back's Ausgabe.
1876): „Aber dein Schicksal trennt die Seelen, die du für
einander schufst, Dein hohes, unerforschliches Schicksal"
(I, 52); „Die Wage, die Wage, Die furchtbare Wage klang"
(I, 232); „Heil dem Frommen, ewigs Heil" (II, 256); ebenso im
Messias „ihr Seelen der Todten, Seelen meines entschlafnen
Geschlechts" (III, 29); „und keine der Zähren, Jener getreuen
der Gottheit und Menschheit würdigen Zähren" (III, 56);
„durchschaue die Tiefe, Diese weite Tiefe der Wonne"
(III, 192); „Ach er hab ihn verlassen, im tiefen Meere verlassen" (III, 207); „Dass er, gehorsam bis zum Tode, die
Seinen geliebt hat, Bis zu dem Tod' am Kreuz" (IV, 5). Ich
kann hier nicht unterdrücken, dass übrigens auch Milton
in seinem für Klopstock vorbildlichen „Paradise Lost" erweiternde Wiederholungen braucht, wahrscheinlich auch durch
die Sprache der Bibel beeinflusst, so z. B. „And some are
fallen, to disobedience fallen" 5, 541; „now ere night, Now ere

dim night," 5, 699; „Held by thy voice, thy potent voice"
7, 100; „The great Creator from his work return'd Magni-
ficent, his six days work, a World" 7, 567. Milton kann in
diesem Gebrauch vielleicht auch durch das englische Volkslied bestimmt worden sein, das ja, wie gezeigt (vgl. S. 15),
dieselben erweiternden Wiederholungen besass, allerdings in
schlichterer Form; wie sehr dieselben, wenigstens von englischen Kennern herausgefühlt wurden, das kann Percy's englische Bearbeitung des spanischen „Rio verde" zeigen, wo er
sagt „Whizzing came the Moorish javelin, Vainly whizzing
thro' the air" = „Tirole el Moro una flecha, Pero nunca la
acertaba" Percy I, 355, Str. 10.

So ist wohl dies stilistische Kunstmittel für H. durch
Klopstock frühe geläufig, durch das Studium der Bibel ver-
innerlicht und durch die Volkslieder aufgefrischt worden,
denn während es bei Klopstock oft schleppend wird, ist er
bei H. mehr einfach und übersichtlich gehalten.

Ich habe bisher die Frage vermieden, ob sich die erweiternde Wiederholung nicht in deutschen Gedichten vor
Klopstock oder in solchen, die von ihm unabhängig sind, ver-
treten findet. Ich kann sie dahin beantworten, dass ich im
Allgemeinen nur in der Anrede Belege dafür gefunden habe.
Zunächst in H's deutschen Volksliedern: „O Hauptmann,
lieber Hauptmann mein", „O Bäbele, liebes Bäbele mein"
(25, 23 und in Schweizer Mundart 201); „Ach Aennchen,
liebes Aennchen mein", „Ach Ulrich, lieber Ulrich mein"
(170); und nicht zu vergessen „Röslein, Röslein, Röslein roth,
Röslein auf der Haiden" (437), was uns zu Goethes Volksliedern überführt: „Ach Pfalzgraf, lieber Pfalzgraf mein"
(No. 1, s. Seufferts Liter. Denkmale Nr. 14); „Ach Papa,
lieber Papa mein" (Nr. 5); „Ach Herr, ach edler Herre mein
(No. 6); „O Tochter, liebe Tochter mein" (No. 8). Sodann
in Ditfurth's deutschen Volksliedern des 17. u. 18. Jh. „Ach
Reiter, liebster Reiter" (S. 15); „Schiffmann, lieber Schiffmann
mein" (S. 27); dazu noch im Wunderhorn I, 313 „Ach
Goldschmidt, lieber Goldschmidt mein" und „Ach Kukuk,
lieber Kukuk mein". Dazu gesellen sich etwa noch die Verbindungen „So viel Vögel als da fliegen, Als da hin und

wieder fliegen" ebenda II, 199 und in dem vielgesurgenen
„Muss i denn" die Worte „wenn i komm, wenn i komm,
wenn i wiederum komm".

3. Verbindung von einem Zeitwort und Hauptwort gleichen Stammes

a) wie in den Originalen

findet sich z. B. an folgenden Stellen: Wilhelm u. Margreth
Str. 8 „I dreamt a dream" = „Ich träumt einen Traum";
Schiffer Str. 8 „the play wer playd" = „das Spiel gespielt";
Str. 1 „O wo treff ich ein'n Segler an, dies Schiff zu segeln
mein" = „O quhar will I get guid sailòr, to sail this schip
of mine?"

b) Weggelassen

hat H. solche Verbindungen gewöhnlich nur, wenn sie unüber-
setzbar sind, wie vor allem „to see a sight"; so ist Chevy-
Jagd Str. 11 „a myghti sight to se" = „Zu schauen weit
und breit"; Nach einer alten engl. Ballade Str. 8.
„Amazed to see so strange a sight" = „erstaunt des Wunder-
blicks"; König Esthmer Str. 53 „A sight of him wod I
see" = „Ich möcht doch gern ihn sehn"; Str. 58 ist eine andere unnachahmbare Verbindung „She laught loud laughters
three" wiedergegeben durch „Lacht eins und zwei und drei"
mit Einführung eines anderen Kunstmittels, vielleicht beeinflusst durch Wilh. und Margr. Str. 10 „He called up his
merry men all, By one, by two and by three" = „Auf rief
er all seine wackre Leut, Bei Eins und Zwei und Drey'n."

c) Eingesetzt

hat H. die Verbindung in der Chevy-Jagd Str. 5 „The
dryvars ... went" = „Die Treiber trieben"; Bettlerlied Str. 7
„did curse and did ban" = „Und flucht ihm Fluch und Bann",
wobei H. die Wiederholung von „did" ersetzt; schliesslich
Junker Waters Str. 7 „the jealous king ... an angry

man was he" = „KönigsWuth, (und ein wüth'ger Mann war
er)" und später in den V, „Da brach des Königs Eifer
aus, (Denn eifernd war er sehr!)." Hier hat H. trotz der
Aenderung in der späteren Uebersetzung an der Verbindung
von Wörtern gleichen Stammes festgehalten, was als Beweis
für ihre Wertschätzung gelten kann. Ich bemerke beiläufig,
dass auch im Cid sich Stellen finden wie „Ihre Worte singt
der Sänger" = „ce que dit la désolée, la Romance va le ré-
péter« (6, 3). Auch dieses Kunstmittel musste H. durch Klopstock wohl bekannt sein, der, wie kein anderer Dichter in
gleichem Umfang, die Verbindung von zwei Wörtern vom
gleichen Stamm liebte (vgl. Würfl, Beitrag zur Kenntnis des
Sprachgebrauchs Kl's III. 1885. S. 38) wie „Fliegen den kühnen
Flug" Od. I, 215; „Zähle sie, Urim, die heilige Zahl", „Und
mit allgegenwärtigem Wink der Ewige winket", „ein Knecht
mit knechtischer Seele" Mess. III, 16, 118, 147. Vorbildlich
waren ja für ihn die griechischen Verbindungen wie „μάχη
μάχεσθαι"; ich will aber beifügen, dass auch Milton dabei
eingewirkt haben kann: vgl. „well hast thou fought The better
fight" und „and in thy nostrils breath'd The breath of life"
(Parad. Lost, VI, 29; VII. 525).

**4. Wiederaufnahme des substantivischen Subjekts durch
ein Personal- oder Demonstrativpronomen**

findet sich häufig in H's Uebertragungen englischer Gedichte.

a) Wie in den Originalen:

Junker Waters Str. 3 „His footmen they did rin" = „Sein'
Läufer die liefen" A. V. = „Sein Läufer der lief" V.; König
Esthmer Str. 67 „And Estmere he, and Adler younge
Right stiffe in stoar can stand" = „Und Esthmer er und
Adler jung, sie fochten" mit Beifügung von „sie" zu dem
„er"; Alkanzor Str. 9 „Is it true the dreadful story" =
„Ist sie wahr, die Schreckgeschichte", wo allerdings das Pro-
nomen dem Substantiv vorangeht.

b) Weggelassen

hat H. solche Wiederaufnahmen öfters, z. T. wohl durch das Metrum genötigt. So ist König Esthmer Str. 29 „One while then the page he went" = „Ein' Weil' der Edelknabe kam" Str. 49 „King Estmere he stabled his steede" = „König Esthmer schwang sich ab vom Ross"; Wilh. u. Margr. Str. 1 „Two lovers they sat on a hill" = „Zwei Liebende sassen drauss'n" (Vers von 3 Hebungen); Chevy-Jagd Str. 14 „The dougheti Dogglas on a stede He rode att his men beforne" = „Der veste Douglas auf dem Ross Ritt seinem Heer voran"; Str. 59 „That dougheti Duglas lyff-tenant of the Merches, He lay slean Chyviot with-in" = „Sein Markgraf Duglas sei erschlagen, Erschlagen auf Chiviats Plan" und Str. 61 ganz entsprechend „That lord Persé, leyff-tennante of the Merchis, He lay slayne Chiviat within", wobei H. das Kunstmittel der Wiederaufnahme ersetzt hat durch die vertärkende Wiederholung „erschlagen, erschlagen".

c) Eingesetzt

hat H. die Wiederaufnahme öfters, bisweilen wohl nur als Füllwort. So ist Bettlerlied Str. 6 „The servant gaed" = „Die Magd sie lief"; Judentochter Str. 1 „The rain rins" = „Der Regen, er rinnt;" Wiegenlied Str. 5 „for womens banning's wonderous sair" = „Angstseufzer, schrecklich drücken sie"; König Esthmer Str. 17 „The talents of golde were on her head sette, Hanged low downe to her knee" = „Die Goldstück' all an ihrem Haupt, Sie hiengen bis zu den Knien" (im Englischen zwei Prädikate).

Ich reihe zwei Stellen an, wo H. das Accus. Objekt durch ein Pronomen wiederaufnimmt: Rosemunde Str. 12 „His farewelle thus he tooke" = „Dies Lebewohl das nahm er noch" A. V., aber „Da nahm er noch dies Lebewohl" in V.; Gespräch einer Pilgrim Str. 3 „Such an one did I meet" = „Solch eine — die begegnet' ich".

Unter den besprochenen Kunstmitteln hat H. die Wiederaufnahme am freisten behandelt, da sie eben weniger wirkungsvoll ist. Sie findet sich bekanntlich auch in deutschen Volks-

liedern, so in dem von G o e t h e mitgeteilten L i e d vom
jungen G r a f e n Str. 9 „Der Knab er setzt sich nieder"
(25, 134). — H. wendet übrigens auch im C i d öfters Wiederaufnahmen an, ohne dass sich solche in der französischen
Vorlage befänden.

5. Anklänge und Wiederholungen von Versen und Strophen.

Diese poetischen Mittel, welche so eindrucksvoll das
Empfinden des Dichters in den Hörer überführen, hat H. fast
ausnahmslos getreu nachgeahmt, oft Wort für Wort. Ich be-
ginne mit dem äusserlichsten, dem

a) häufigen Strophenanfang mit „Und",

wofür ich als Beispiele nennen will R o s e m u n d e und E d -
w a r d. Im ersteren Gedicht beginnt fast ein Drittel der
Strophen mit „And" = „Und", im letzteren von 7 Strophen
sogar 4. Diesen volksmässigen Gebrauch hat bekanntlich
unter den deutschen Dichtern besonders S c h i l l e r geübt, wie
z. B. sehr oft in der B ü r g s c h a f t, im R i n g d e s P o l y -
k r a t e s und im T a u c h e r.

b) Anfang aufeinanderfolgender Strophen mit der gleichen Wortgruppe

ist sodann zu beobachten ebenfalls in der R o s e m u n d e,
wo Str. 29 und 30 beginnt: „My Rose shall" = „Mein Röschen soll" — „Mein Röschen glänzt"; ferner in A l k a n z o r
Str. 5 u. 6 „Lovely seems" = „Lieblich auf geht" — „Lieblich
lacht".

Häufig sind ferner

c) Anklänge von Versen und Strophen

übereinstimmend mit den englischen Originalen bei H. zu
finden. Man vergleiche G e s p r ä c h e i n e r P i l g r i m in
Str. 5 u. 6 „Who some time loved me as her life" — „That
some times loved thee as her life" = „die einst mich wie
ihr Leben liebt" — „die einst euch wie ihr Leben liebt";
S c h i f f e r Strophe 4, V. 1 und 3 „The first (next) line that

Sir Patrick red° = „Die erste (zweite) Zeil Sir Patrick
las°; Wilh. u. Margr. Str. 5 u. 7 „When day was gone and
night was come" — „When day was come and night was
gone" = „Als Tag war um und die Nacht war da" — „Als
Nacht war um und der Tag brach an"; besonders viele Beispiele in König Esthmer Str. 23 u. 24; 26, 27 u. 31, 32;
54 u. 55; ferner noch in der Chevy-Jagd Str. 59 u. 61
„Word ys commen to Edden-burrowe" — „Worde ys commyn
to lovly Londone" = „Botschaft kam nach Edenburg" —
„Botschaft kam nach London"; in Wilhelms Geist ist
Str. 2 und 3 ganz parallel in Frage und Antwort, Str. 12 und
13 ebenso, Str. 4 u. 5 noch ähnlicher als im Englischen in
beiden Uebersetzungen: „Give me my faith and troth,
Margret" — „Thy faith and troth thou 'se nevir yet" =
„gib mir mein' Hand und Pfand, Marg'reth" — „Dein' Hand
und Pfand geb' ich dir nicht" A. V. = „Gib Gretchen mir
mein Wort und Treu" — „Dein Wort und Treu geb ich dir
nicht" V.; ähnlich ist in Junker Waters Str. 9 u. 14 in V.,
noch nicht in A. V., von H. fast ganz gleich gemacht, zusammenhängend mit der Aenderung des Inhalts (vgl. S. 35),
während Str. 10 u. 13, 11 u. 12 schon im Englischen starke
Anklänge haben.

d) Wiederholung von Versen und Strophen in ganz gleicher Form

ist ebenfalls häufig in den englischen Originalen und fast
ausnahmslos von H. beibehalten worden. Ich beschränke mich
darauf, den Standort der Belege anzuführen: Chevy-Jagd
Str. 4 u. 51 englisch 2 Verse, bei H. einer gleich; König
Esthmer in Str. 26 u. 27, 42 u. 43, 63 u. 64 je ein Vers
gleich, in der einen Strophe als dritter, in der andern als
erster Vers, nie im Reim stehend bei dem Reimschema x a y
a; Murray's Ermordung der erste Vers von Str. 3, 4 und
5 gleich; Edward in jeder Strophe Vers 1 = 2 und 5 = 7;
Wilhelms Geist Str. 4 = 7, in A. V. zwar anders übersetzt als in V., aber beide Male die zwei Strophen ganz gleich
unter sich; Knabe mit dem Mantel Str. 13 = 20 = 24
englisch und deutsch.

e) Die Refrainverse,

welche die englischen Originale bisweilen besitzen, sind von
H. in verschiedener Weise behandelt. Im Wiegenlied
ahmt er die beiden Verse in Form und Inhalt nach, in der
Todtenglocke ändert er die 4 Verse in beider Hinsicht
zum Bessern (vgl. über die metrische Form S. 8); in dem
langen Gedicht Das nussbraune Mädchen lässt er die
beiden ermüdenden alternierenden, z. T. variierten Refrainverse weg; im Weg der Liebe behält er die beiden variierten Refrainverse bei, ebenso in Er und Sie den einen;
im Feind im Paradiese behandelt er 4 solche mit geringerer Uebereinstimmung als im Original; im Strickenden
Mädchen endlich verwandelt er den festen Refrain des
Originals von 3 Versen in der letzten Strophe zu einem variierten in wirkungsvoller Weise (vgl. Inhalt S. 38). Ich erinnere daran, dass besonders Bürger den flüssigen Kehrreim den englischen Balladen abgelauscht hat. Goethe hat
ihn z. B. in Johanna Sebus im Beginn der Strophen,
Uhland im Glück von Edenhall am Schlusse derselben
angewendet.

In dieser Weise hat H. die stilistischen Kunstmittel der
englischen Gedichte behandelt und verwertet. In syntaktischer
Hinsicht bemerke ich, dass er, der leidenschaftliche Verteidiger der Inversionen und Verwerfungen (s. Haym I, 145;
Lit. Fragm. II, 43; Von dt. Art u. Kunst V, 200), auch in seinen
Uebertragungen die freieste Wortstellung walten lässt und
auch die kühnsten Fügungen des Englischen nachzuahmen
sucht. Man vergleiche die packende Str. 5 der Judentochter und Stellen wie im Schiffer Str. 2 „Up and spak"
= „Auf und sprach". Auch im Cid liebt ja H. kühne Stellungen wie z. B. „Ab von ihren Mäulern stiegen Die dreihundert edle Knappen" 5, 8; „Aus zog er den kühnen Degen"
15, 15; „Und hinaus! hin vor die Mauer" 33, 11.

Fortschritt in Form und Ausdruck.

Verschiedene der angeführten Stellen haben schon gezeigt, dass H. als Uebersetzer englischer Gedichte nicht bei der ersten Fassung stehen blieb, sondern rastlos vorwärts schritt und immer mehr zu bessern suchte. In Redlichs trefflicher Ausgabe lassen sich die Lesarten der einzelnen Bearbeitungen der Gedichte leicht verfolgen; in der Einleitung zu Bd. 25 S. XVIII, weist er auch auf die Bedeutung der Gedichte des Silbernen Buches hin, „jener interessanten Sammlung von Karolinens (H's Braut) Hand, die aus den während ihres Brautstandes ihr zugeschickten Liedern zusammengestellt ist"; diese Gedichte sind besonders wichtig, „weil wir in ihnen eine chronologisch sicher bestimmte Reihe von Dichtungen besitzen, die zu eingehenderen Untersuchungen über die Entwickelung von H's Uebersetzerkunst anregen können". Ich will es versuchen, an einigen Beispielen H's Fortschritt in späteren Uebertragungen zu zeigen, wobei ich etliche Gedichte in der durch das Silb. Buch verbürgten Reihenfolge bespreche, die 29, VII zu finden ist.

Die erste englische Ballade, an der H., durch Raspes Anzeige darauf hingewiesen, sich versucht hat, ist Die schöne Rosemunde. Im S. B.*) No. 32 finden sich darin noch viele Härten aus metrischen Gründen, die H. später beseitigt hat. So ist Str. 2 „an Schön' und Angesicht" später = „An Liebreiz und Gestalt"; Str. 10 „'s Fräuleins Rache", Str. 11 „dem Vat'r entgeg'n" ist später ganz geändert; Str. 19 „all's Leben ihr entwich" = „Und all ihr Geist entwich"; Str. 26 „Ab'r ohne dich" in A. V. und in V., aber „Denn ohne dich" in zwei Korrekturen H's, welche bei der Ausgabe von V. übersehen scheinen. — Auch Edward, im S. B. No. 33, zeigt daselbst Härten und Kürzungen, die in V. vermieden sind, vgl. Str. 5 „'Lass all's da stehn, bis 's sink und fall" = „Ich lass es stehn, bis es sink' und fall'". — Das Eine in der Natur, S. B. No. 49, zeigt schon dort fast gar keine Härten, wobei nicht zu vergessen ist, dass es zur Kunst-

---

*) Diese Abkürzung brauche ich nunmehr für das „Silberne Buch".

poesie gehört, die H. einfältigen wollte, wie er in der Vor-
bemerkung dazu in A. V. sagt (25, 126). — Das Lied aus
dem Gefängnis, S. B. Nr. 50, also von 1771, Gött. Musen-
alm. 1773, A, V. 1774, V. 1778, ist auch ein Kunstgedicht und
schon im S. B. ohne Härten, nur im Ausdruck ist bis 1774
auffällig „verkäficht", was dann „im Käfig" lautet. — Wilhelms Geist, S. B. Nr. 54, gehört dagegen zu den alter-
tümlichen Gedichten und ist in A. V. von H. im Ausdruck so
genau nachgebildet, dass er sogar 3 mal unreine Reime nicht
scheut: Str. 6 „Erdenmann: lang", später zu „an"; Str. 8
„Gewinn: Trauering", Str. 14 „Grau': schaust", beide Stellen
später ganz geändert; dabei gestattet er sich auch, um recht
wörtlich zu sein, etliche Elidierungen, die er später in V. beseitigt: Str. 4 „gib mir mein' Hand und Pfand, Marg'reth" = „Gib
Gretchen mir mein Wort und Treu"; Str. 5 „Dein' Hand und
Pfand geb' ich dir nicht, 's wird nimmer dein Gewinn" = „Dein
Wort und Treu geb ich dir nicht Gebs nimmer wieder dir";
Str. 10 „Sie strecket aus ihr' Lilienhand" = „Ausstreckt sie ihre
Lilienhand". Zu der Uebersetzung in den A. V. bemerkt nun
H.: „Fast Wort für Wort nach dem Original. Sylbengezählter
stehts in den Blättern von dt. Art u. Kunst S. 49 (= 5, 187)".
Die dortige, bedeutend freiere Uebersetzung des Gedichts, die
also von 1773 ist, leitet H. ein mit den Worten: „wie wenig
kann ich ihm in der Uebersetzung seinen Aerugo, sein feierliches
Populäres lassen". Auch schon die Lesart des S. B. aus 1771,
in den Anm. zu 25, 523, hat reine Reime ausser Str. 2 u. 3
„Johann: Bräutigam" und keine Elisionen. H. hat dies Gedicht also im S. B. 1771 und in den Blättern von dt. Art und
Kunst 1773 freier, aber formell rein, dagegen in den A. V.
1774 genau, aber formell unrein übersetzt und erst in den
V. 1778 eine Vermittelung zwischen Treue im Ausdruck und
Reinheit der sprachlichen Form gefunden. — Alkanzor und
Zaida ist schon im S. B., wo es Nr. 58 bildet, gewandt und
ohne Härten übersetzt, im Ausdruck später noch etwas wür-
diger. — Junker Waters, S. B. No. 61, zeigt daselbst
wenig Härten und Elisionen; es heisst aber dort noch z. B.
Str. 8 „Ihr seid *kein* Ritter, *kein* Fräulein *nicht*, seid
König in Eurem Reich! Im ganzen Schottland freilich ist in

Nichts Niemand euch gleich". während diese doppelten Negationen in V. beseitigt sind. In der Fassung der A. V. — d. h. im Anhang der bei der Redaktion vom Druck]ausgeschlossenen Lieder — finden sich dagegen einige Härten und doppelte Setzung der Negation; H. übersetzt hier wörtlicher, wie er sich auch im Inhalt ganz an das Original anschliesst, anders als im S. B. und den V. (vgl.]Inhalt S. 35). Es waltet hier also ein ähnliches Verhältnis wie vorhin bei **Wilhelms Geist**. In A. V. heisst es z. B. Str. 2 „Die Kön'gin . . . sah 'nunter in Tief' und Thal"; Str. 3 „Sein' Läufer die liefen", „sein' Reuter ritten", „und 'n Mantel"; Str. 10 „Sie nahmen jung'n Waters, zwangen ihm" (4 Hebungen); Str. 13 „sein'n Sattel". — **Das Wiegenlied** hat im S. B., daselbst No. 66 auch nur wenige Härten, nämlich Str. 2 „ihm 'st nichts"; Str. 3 „Ach 's macht"; Str. 5 „lass 's nimmermehr", die schon in A. V. beseitigt sind, wie auch daselbst „Angstseufzer" anstatt des früheren unedlen „Weibsfluch" gesetzt ist. — **Wehgeschrei der Liebe** ist ebenfalls schon im S. B., No. 67, flüssig und gewandt. — In **Gretchens Geist**, daselbst No. 70, gehen die einzelnen Strophen öfters mitten im Satz in einander über, was in dem späteren Druckmanuskript der V. nur einmal, zwischen der vorletzten und letzten Strophe, stattfindet; dabei sind die leidenschaftlichen Wiederholungen in der älteren Fassung ausgedehnter, wilder und abgerissener.

Diese Beispiele werden gezeigt haben, dass an H's Uebersetzungen englischer Lieder im S. B. ein entschiedener Fortschritt in der Beherrschung der Sprache zu beobachten ist. Zugleich hat die Beiziehung der späteren Varianten ergeben, dass er sich nimmer genug thun konnte, die richtige Mitte zwischen Treue im Ausdruck und Vollendung der sprachlichen Form zu finden.

Unter den Uebertragungen aus neuerer Kunstpoesie ist für H's Fortschritt besonders charakteristisch **Der sterbende Christ an seine Seele**, nach Pope, 1774 und 1786 von ihm übersetzt, wovon Redlich 27, 374 „zur Vergleichung des Stils beider Perioden" beide Texte vollständig giebt. In der älteren Fassung finden sich mancherlei Härten und viele Ausrufe, in der späteren herrscht vollendete Harmonie.

1774, also in der Entstehungszeit der A. V., heisst es Str. 1
„'nüberschmachten"; Str. 2 „Geh' wie unter"; Str. 3 „Die
Welt ist nieden". Wie melodisch und edel lauten dagegen
diese Stellen in der späteren Gestalt!

III. Inhalt.

Nachdem ich besprochen habe, in welcher Weise H. die
metrische Form und die Ausdrucksweise der englischen Originale behandelt, wende ich mich zum letzten Teil meiner
Aufgabe und untersuche, wie er sich hinsichtlich des Inhalts
zu ihnen verhält. Schon wiederholt musste ich andeuten,
dass er auch hierin sich die innere Freiheit vollständig be-
wahrt, bald dienend und anschmiegend bis zu den leisesten
Regungen menschlicher Gefühle, bald herrschend und umge-
staltend in selbstschaffender Weise. Treu ist er, wo er all-
gemein Menschliches, Erhabenes, Charakteristisches, Packen-
des findet, Wandel schafft er, wo er auf local Beschränktes,
Mattes und Unedles stösst. So verschieden er auch verfährt,
überall leuchtet es durch, dass er als Lehrer seines Volks
nach dem Höchsten und Besten strebt, und Alles muss ihm
dazu Stoff werden.

Nicht sehr gross ist die Anzahl der Gedichte, welche H.
bis in das Einzelste anschliessend überträgt, bei denen er
nicht wenigstens hier in der Umgestaltung eines Bildes, dort
in der Verschiebung eines Gedankens ändern zu müssen ge-
glaubt hat. So kann ich als vollständig anschliessend, abgesehen von den Stücken aus Shakespeare, bezeichnen die
Gedichte: Alkanzor und Zaida, Er und Sie, Heinrich und
Kathrine, Die Judentochter, O Weh, Der Schiffer, Der sterbende Christ, Ueber den Tod des D. Swifts, Verlohrne Liebe,
Wiegenlied einer unglücklichen Mutter, Wilhelm und Margreth,
Wilhelms Geist. Mit Uebergehung von einigen weniger interessanten Fällen will ich nun zeigen, worin die Aenderungen
H's bei den anderen Uebertragungen bestehen und behandle
zunächst eine Gruppe von solchen, die ich als

A. Im allgemeinen anschliessend

bezeichnen kann, und von diesen in erster Linie solche

1. mit kleineren Weglassungen.

Das eben erwähnte Streben, local Beschränktes zu beseitigen, zeigt sich, um mit dem Aeusserlichsten zu beginnen, darin, dass H. englische Personennamen beseitigt, z. T. durch deutsche ersetzt. So lässt er weg in Glückseligkeit der Ehe Str. 1 „My Winifreda", indem er die Anrede „Auf, Liebe!" gebraucht; im Nachtgespräch fehlen die im Original oft wiederkehrenden „My Juggy, my Puggy", „My Jocky", „My Willy, my Billy". In der Schottischen Ballade verwandelt er den Namen „Barbara Allan" in „Gretchen Mai", „Sir John Grehme" in „Junker Ellen Liebesiech", in einer andern Fassung in „unser Herr". Im Mädchen am Ufer lässt er den Namen „Colin" weg und verwandelt „Chloe" in „Lila". In Belinde Str. 1 ist dieser Name statt „Caelia" gesetzt, im Bekenntniss „Hänschen" statt „Jockey", in Röschen und Kolin „Röschen" statt „Lucy".

Im Gespräch einer Pilgrim" sagt H. anstatt des englischen Ortsnamens „the towne of Walsingham" sehr anschaulich „Kloster zur heilgen Linde".

Das vorletzte Gedicht führt über zu der Weglassung einzelner Stellen, indem H. die erste Strophe desselben, die englische Ortsangaben enthält, und die vierte, welche in fader Weise vor Treubruch warnt, unterdrückt. — In ähnlicher Weise lässt er im Soldatenmährchen die 8. Strophe weg, welche das Glück der Frau eines Engländers gegenüber dem Los der Frau eines Spaniers preist; zugleich wendet er zwei materielle Stellen in Str. 10 edler: im Original will der Soldat das Mädchen nicht mitnehmen, weil die Reise zu teuer sei, bei H., weil er sie nicht in Dürftigkeit reisen lassen will, und edler klingt es dann auch, wenn sie sagt „Gold, Silber, mein Alles, mein Alles ist Dein" als „five hundred pounds in gold". — In der Chevy-Jagd lässt H. die drei letzten Strophen fort, die allerdings wie ein Zusatz klingen. — In dem Gedicht Die Verlassene unterdrückt er die 4. Strophe, welche das Elend des armen Mädchens realistisch ausmalt, und hebt damit zusammenhängend den seelischen Eindruck gegenüber dem sinnlichen hervor in der 2. Strophe: „But now he's won his way With Maiden-head and Leve and au" = „Und was du zu mir sprachest, Ging von den Lippen in Herz und Seele mir" und „His locks were sea finely seam'd And shone as bright as any in the Land" = „Die Locke war ihm schwarz und kraus, das Auge sprach so redlich dir". — Achnlich veredelt H. den Entschlossenen Liebhaber, indem er durch Weglassung von Str. 4, welche die Armut des Hirten gegenüber dem Reichtum der Schönen hervorhebt, nur das Seelenleben bei der Werbung entscheiden lässt. In Junker Waters endlich verfeinert er die Fabel psychologisch, wenigstens in zwei seiner drei Uebertragungen des Gedichts: während er nämlich in den A. V. sich inhaltlich ganz an das Original anschliesst, unterdrückt er im Silb. Buch und in den V. die Angabe in den beiden Schlussstrophen, dass auch der Sohn und die Frau des Helden, die sonst nicht genannt sind, vom König hingerichtet werden, und sagt nur: „Und Ross und Knaben (= „Läufer" und „Reuter" im Eingang) rissen sie zum Todeshügel hin": so erscheint Junker Waters als jung und ledig, und die Eifersucht des Königs ist begreiflicher gemacht. Das Gedicht heisst nun auch in den V. „Der eifersüchtige König".

Ich komme nun zu einer anderen Gruppe von Gedichten, in welchen H.

2. Weglassung und zugleich Umwandlung in Einzelheiten

vornimmt. So unterdrückt er im Traum die breite Ausmalung, wie der Traum dem Liebenden die Geliebte vorzaubert, und den etwas künstlichen Gedanken, der Traum solle seine abgehärmte Gestalt annehmen, ihr erscheinen und sie um Mitleid flehen; dabei ist der Inhalt der beiden Schlusszeilen, der Verzicht auf irdischen Besitz und das Leben in der Hoffnung H's Eigentum. — Das Landlied hat im Englischen 9 Strophen, wovon H. sechs prosaische über Hähne und Hennen, Enten und Schweine weglässt; zugleich legt er seine erste Strophe einer Schäferin, die zweite einem Schäfer, die dritte beiden in den Mund, während im Englischen keine Andeutung für ein Zwiegespräch gegeben ist. — In ähnlicher Weise übergeht H. im Klagelied über Menschenglückseligkeit Str. 7 bis 9, welche die Unvollkommenheit der wirklichen Welt breit ausführen; dabei rührt die wirkungsvolle Einkleidung in ein Gespräch mit der Laute von ihm her, worauf Redlich Anm. zu 25, 362 hinweist. — In der Wiese Str. 3 führt er die rührenden Worte an die Blumen ein anstatt der matten Schilderung „The flowers of the sweetest scents She bound about with knotty Bents, And as she bound them up in Bands, She wept, sigh'd, and wrung her hands, Alas, Alas, Alas! cry'd she, Alas! none was ever lov'd like me".

In Gretchens Geist, im Druckmanuskript der V., unterdrückt H. Strophe 8 und 10, die eigentlich nur eine gesuchte Wiederholung der davorstehenden Verse sind, und verwandelt in Str. 6 und in der ersten Hälfte von Str. 7 die von dem Geist gesprochenen Worte in Erzählung, indem er mit feinem Gefühl den Geist nicht über Geistererscheinungen und über die Geisterstunde reden und so den ganzen Vorgang mehr als Traumbild in der Seele Wilhelms erscheinen lässt.

In Elisabeths Trauer übergeht H. die etwas triviale achte und die dreizehnte Strophe, die einen platten Utilitätsgedanken enthält; dabei wird der Gegensatz zwischen Abhängigkeit der Hochgestellten und Freiheit und Frohsinn einfacher Hirten innerlicher aufgefasst. — Das Gedicht Die drei Fragen erhebt H. durch Weglassung und Umwandlung zu sittlicher Höhe: während in dem Original die jüngste der drei Schwestern dem Ritter sofort willfährig ist und dieser dann den Vollzug der Legalisierung von der Beantwortung der Fragen abhängig macht, wendet H. die Sache so, dass unter den drei irdisch Schönen, zwischen welchen dem Ritter die Wahl wehe thut, die geistig Beste seine Auserwählte sein soll. — Nicht minder hat H. in der Menschenreformation durch Weglassung der dritten Strophe, die zu den beiden ersten nichts Neues bringt, und durch Aenderung der Schlussstrophe Wandel geschaffen: aus der Sphäre eines spiessbürgerlichen Unterthanen, dessen höchstes Glück in der Gunst seines Fürsten gipfelt, erhebt er das Gedicht zur idealsten Lebensauffassung, welche die edelste Freude in dem Verkehr mit Gleichfühlenden sieht.

3. Umwandlung einzelner Stellen

ohne Weglassung zeigt eine dritte Gruppe von Gedichten. Dazu gehört die Schöne Rosemunde insofern, als H. in Str. 9 ein Beiwort charakteristisch ändert, wenn ich mit dieser Kleinigkeit beginnen darf: bei ihm vertraut der König die geliebte Rosemunde „dem treusten Rittersmann", während es im Englischen heisst „unto a valiant Knighte", und so kennzeichnet er die Fürsorge des Königs treffender. — Aehnlich ist in Edward ein Zug wirkungsvoll verstärkt, Str. 4 „Ile set my feit in zonder boat And Ile fare ovir the sea" = „Auf Erden soll mein Fuss nicht ruhn, will gehn fern übers Meer", wodurch die Vorstellung von dem Fluch ewigen Irrens auf der See, die Sage vom fliegenden Holländer wach gerufen wird. — In der Silberquelle veredelt H. den etwas realistischen Ton und verwandelt Str. 1 und 2, die im Englischen des Thomas Carew prosaisch belehrend im Präsens reden „When you ... see ... Marke how ... Then marke how", in die Vergangenheit, indem er einen Vorfall erzählt und dann die Lehre daraus zieht.

Schärfere Ausprägung der Gegensätze bewirkt H. in dem Gedicht Süsse Einfalt; während es im Englischen mehr ruhige Betrachtung ist, setzt er mit Leidenschaft die Natur der Kunst entgegen — im Original heisst es „art" und „simplicitie" —, voll Abscheu auf der einen, voll Begeisterung auf der andern Seite, mit vielen Ausrufen, in Rousseau's Geiste empfindend. Wie wichtig für H. diese Gedanken sind, ist daraus zu ersehen, dass ihn die gleichen Verse Ben Jonson's zu einer freien Umformung Der einzige Liebreiz angeregt haben; diese befindet sich in den V., jene frühere Uebertragung im Silb. Buch und im Gött. Mus. Alm. 1773 (s. Redlich, Anm. zu 25, 439). — In Wein und Wasser ist die Pointe mit dem „blitzgeborenen Bacchus" und der „unschuldigen Nymphe" schärfer ausgeprägt; ähnlich verhält sich in den Bildern No. 15 das englische „When all the blandishments of life are gone, The coward creeps to death, the

brave lives on" zu H's Wendung: „Wenn ich des Lebens
mich nun satt gelebet habe, Der Feige kriecht — der Weise
geht zum Grabe". — Im Strickenden Mädchen führt
H. in der letzten Strophe eine treffende Variation des Refrains
ein und weist dadurch bedeutungsvoll am Ende auf das
Ergebnis der Werbung hin: dem gleichbleibenden Refrain
„Phillis without a frown or smile Sat and knotted, and knotted, and knotted all the while" steht gegenüber zweimal
„Phyllis ohne Sprach und Wort Sass und strickte, Sass
und strickte ruhig fort", aber dann am Schluss „Auf stand
Phyllis ohne Wort, Ging und strickte, Ging und strickte
ruhig fort". — Das Gedicht Das Mädchen am Ufer (25,
343, nicht das gleich benannte 169) ist bei H. durch Aenderung des Schlusses ethisch vertieft: im Original klagt das
Mädchen über die Untreue ihres Geliebten, ist aber wieder
fröhlich, sobald er wieder kommt: „She found he was kind,
and believ'd he was true". Anders H., der dem klagenden
Mädchen, das die Blumen von der Brust gerissen hat, zuruft:
„Gib, Mädchen, die Blumen dem Strome, dem West; Es ist
ja nicht Liebe, wenn Liebe verlässt". So predigt H. die
höchste Entsagung, die das dem Herzen Verwachsene, aber
Unwürdige, entschlossen aufgiebt. — Auch Der Verliebte
erhält durch Aenderung des Schlusses eine andere Auffassung:
trotziges, verwünschendes Aufgeben spricht aus den Worten
„If of herself she will not love, Nothing can make her. The
devil take her!"; viel edler aber sagt H.: „Will sie willig dich
nicht lieben, sprich, warum sie soll? sprich, bist du nicht
toll?"

Wie hier an ein Kunstgedicht, legt H. an die alte Ballade König Esthmer die veredelnde Hand an und bewirkt
eine psychologische Verschiebung durch zwei kleine Aenderungen. König Esthmer ist mit seinem Bruder Adler aus-
gezogen und hat sich mit König Adlands Tochter verlobt;
kaum hat er sich von ihr beurlaubt, um die Hochzeit vorzu-
bereiten, da erhält er die Nachricht, dass der heidnische König
von Spanien, ein früherer Werber, gekommen ist, um sich
heute noch mit König Adlands Tochter zu vermählen mit
dessen Einwilligung. Da frägt nun Esthmer seinen Bruder:

„Wether it is better to turne and fighte, Or goe
home and loose my ladye"; anders aber bei H.: „Wes
Weges sollen wir gehen und fechten? Gerettet muss sie
seyn". (Str. 34). Und wie sie sich dann als Harfner und
Singer in Adlands Schloss eingeschlichen haben, da giebt
Adler seinen Bruder Esthmer zu erkennen und verkündet der
Braut: „And Ile rid thee of that foule paynim", wieder
aber anders bei H.: „Zu retten dich vom garst'gen Heid,
Sind wir zwei kommen allhie". (Str. 64). Durch diese
beiden Aenderungen wird der Charakter Esthmers veredelt;
er zweifelt keinen Augenblick, ob er seine Braut erkämpfen
soll, und will bei diesem Kampfe selbst handeln, während er
in der englischen Fassung sich von seinem Bruder bestim-
men und leiten lässt.

4. Ausgesponnen

kann ich eine vierte Gruppe der im allgemeinen anschliessen-
den Uebertragungen nennen, wenn H. englische Gedichte aus-
dehnt und fortsetzt. So heisst im Thal der Liebe die
dritte kürzere Strophe im Original nur: „Mourn ye Nymphs
that sporting play'd, where poor Strephon was betray'd, There
the secret wound she gave, when I was made her slave";
H. spinnt dies aus zu dem Schema der beiden ersten Strophen
und fordert anstatt der Nymphen die Blümchen, Nachtigall
und Turteltäubchen zur Trauer über die Untreue auf. — Im
Zweiten Gespräch einer Pilgrim spinnt H. die Schlussstrophe in zwei aus und verherrlicht wirkungsvoller treue
Liebe im Gegensatz zu schnell verrauchender Leidenschaft.
— In ähnlicher Weise dehnt er in der Dämmerung der
Liebe zwei Strophen von Carew — ob er die dritte kannte,
ist fraglich, jedenfalls hat sie ihn nicht beeinflusst: s. Anm.
zu 25, 125 — zu vier aus und verherrlicht gewaltiger den
inneren Wert gegen den äusseren vergänglichen. — Verwandt
im Inhalt ist Die goldene Hochzeit, wo H. zu zwei
Strophen von Rob. Burns eine dritte beifügt: er lässt das
alte Paar, das in Freud und Leid immer fester zusammen-
gehalten hat, von Söhnen und Töchtern umringt sein und den
bedeutungsvollen Wunsch aussprechen: „Je länger und je

lieber, Je lieber! Umschatt' einst unser Grab", mit
schöner Beziehung auf die Worte der ersten Strophe: „Und
dennoch bist du lieber mir, Ja lieber, als mir der Jüngling
war". — Als letztes Beispiel der Ausspinnung nenne ich das
Gedicht Gewinn des Lebens, wo H. das Original von
einer Strophe nachbildet und vier Strophen beifügt. Aus-
gehend vom Gedanken der ersten Strophe, dass der Mensch
glücklicher ist, wenn er in einem Traume lebt, als wenn er
stets die nackte Wirklichkeit bedenkt, will H., Weisheit und
Ruhm als unbefriedigend erkennend, nur die beiden Rosen-
knospen Liebe und Freundschaft in seines Lebens Traume
pflegen.

B. Freie Kürzung und Umstellung.

Während ich die hinsichtlich des Inhalts bisher besprochenen Gedichte als in allgemeinem an die Originale anschliessend
bezeichnen konnte, habe ich nun etliche zu nennen, in welchen
H. in der freiesten Weise Kürzungen und Umstellungen vornimmt. So hat er im Nussbraunen Mädchen sehr zu Gunsten
des breiten Gedichts 30 Str. von 12 Versen zu 17 Str. von 8 Versen, also 360 Verse zu 136 gekürzt, ohne dabei Wichtiges
wegzulassen. — Ebenso kürzt er Belinde sehr wirkungsvoll aus 6 Strophen zu 2, wobei er matte und realistische
Ausführungen weglässt und die Verse im Innern des Gedichts
„Now if from Love's great Rules I err ... May I again, again
turn wanderer" als Liebesschwur ans Ende setzt. — In dem
Gedicht Nach Berkeley (Amerika) nimmt H. Kürzung
und Umstellung vor und ändert den Schluss, indem er die
Behauptung, die Musen seien nach Amerika, dem Lande
der Freiheit und Natur, entwichen, in eine Europa warnende
Frage verwandelt. — Auch in der Gewalt der Tonkunst übersetzt H. ganz frei und schwungvoll, ändert die
Reihenfolge der Verse, beseitigt prosaische Stellen und veredelt
ein Bild Str. 4 in der Anrede an die Tonkunst: „O heavenly
gyft, that rules the mynd, Even as the sterne dothe rule
the shippe" = „Sei, wenn mein Schifflein sich verirrt, Mir,
was der Stern dem Schiffer wird", worauf Redlich, Anm.
zu 25, 377 hinweist. — Ich schliesse diese Gruppe von Ge-

dichten mit den Hoffnungen eines Sehers vor 3000 Jahren nach Pope; H. sagt selbst (s. Anm. zu 27, 365): „Keine eigentliche Uebersetzung, sondern nur eine Nachahmung, die mit Fleiss viele sich wiederholende Bilder, wo der Dichter dem Reim und dem Klange der Worte nachgab, wegliess". So hat er aus 108 Versen 90 hergestellt. Dabei gestaltet er das Religiöse im Sinne seiner Humanitätsgedanken um; im letzten Absatz heisst es: „In der tiefsten Brust Ist jeder Gottes Altars sich bewusst" und statt Pope's Endversen: „Thy realm for ever lasts, thy own Messiah reigns" schliesst er mit den Worten: „Der Mensch, der Mensch ist gut. Was Recht und Wahrheit jedem Herzen pries, Was Treu und Liebe jeden hoffen hiess, Ist wahr: die Erde wird ein Paradies".

C. Anregung zu originellen Gedichten.

Bei einigen der bisher besprochenen Gedichte kann es zweifelhaft sein, ob sie nicht richtiger als originelle Schöpfungen H's zu bezeichnen wären, zu denen er nur durch englische Verse Anregung erhielt. Bei dem Gedicht Süsse Einfalt habe ich oben bemerkt (vgl. S. 37), dass H. noch eine freiere Umformung, Der einzige Liebreiz, gedichtet hat: diese ist entschieden so aufzufassen. Ferner gehört hierher Eroberungssucht, wo ihm der absurde Gedanke Prior's, der ruhm- und herrschsüchtige Fürsten preist, weil ihr Irrtum den Wahn des Glückes lehre, Anregung dazu giebt, grausamen Fürsten verdammend ins Gewissen zu reden. — Das Gedicht Das Mitgefühl bezeichnet H. als „Ein Gegenstück zu Swift's Versen über seinen Tod", die er unmittelbar vorher fast wörtlich überträgt (27, 372): Swift schildert nämlich humoristisch, wie seine Bekannten bei seinem Tode in selbstsüchtiger Weise über ihn urteilen werden, indem er ausgeht von der Maxime Larochefoucauld's „Dans l'adversité de nos meilleurs amis nous trouvons toujours quelque chose qui ne nous déplait pas". Dem Egoismus gegenüber verherrlicht nun H. das Mitgefühl, die Harmonie mit andern, das Leben mit und in den andern; denn „Willst du versuchen Höllenpein, So banne Dich in Dich hinein;" „Der Schöpfung

Grund und Maas und Ziel Ist Leben, Lebens Mitgefühl"
(27, 384 u. 389). — Auch das schöne Gedicht Himmel und
Hölle ist zum Teil durch Swift veranlasst, aber nur Vers
3—10 ist dessen Place of the Damned entlehnt, worauf Redlich (Anm. zu 27, 372) hinweist. H. beginnt mit den bedeutungsvollen Worten „Fragt Ihr, wo Höll' und Himmel sei?
Uns wohnen beide in und bei", und während dann Swift Paris
und Rom als Hölle bezeichnet, weil dort die meisten Ver-
dammten seien, sagt H. nur: „Wer höllisch lebet, ist ver-
dammt" und fährt dann tröstend fort: „Doch auch ein Himmel
ist auf Erden; Durch Menschen soll er Menschen werden"
und spricht dann von Anmut, Liebe und Eintracht, die den
Himmelsfrieden bringen.

Ueberschriften der Gedichte.

Anschliessend an die Darstellung, wie H. den Inhalt
seiner englischen Originale behandelt, weise ich noch auf
die Ueberschriften hin,*) welche er öfters geändert hat. Diese
Aenderungen beruhen auf dem Bestreben, den Inhalt cha-
rakteristischer und poetischer anzudeuten, wofür ich einige
Beispiele gebe.

Anstatt der allgemeinen Bezeichnung „A Song"
braucht H. die Titel „Nachtgespräch", „Das Bekenntnis",
„Wider das Liebesschmachten"; anstatt „A dirge" (Trauer-
lied) sagt er „Die welkende Blume", anstatt „A song to the
lute in musicke" „Gewalt der Tonkunst." Prior's Gedicht
mit der Ueberschrift „To Charles Montague" nennt er „Klag-
lied über Menschenglückseligkeit."

Ferner hat H. charakteristische Ueberschriften gesetzt
bei Gedichten, die im Englischen nach den Anfangs-
worten bezeichnet sind, wie „Der Verliebte", „Das Eine
in der Natur", „Gespräch einer Pilgrim", mit letzterem Titel
zwei Gedichte, allerdings mit Benutzung der ferneren Be-

---

*) Hierzu hat mich veranlasst die Dissertation von F. Lauchert, H's
griechische und morgenländische Anthologie und seine Uebersetzungen aus
Jakob Balde, im Verhältnis zu den Originalen betrachtet. München. 1886.
S. 152 f.

zeichnung „Dialogue between a pilgrim and a herdsman" und „Dialogue between a pilgrim and a traveller". — „Murray's Ermordung" steht anstatt „The bonny Earl of Murray", was im Innern des Gedichts dreimal wiederkehrt, „Wehgeschrei der Liebe" (in V. aber „O weh, o weh") anstatt „Waly waly, love be bonny" aus Strophe 2. — „Feind im Paradiese", „Weg der Liebe", „Er und Sie" sind im Englischen nach dem flüssigen Kehrreim benannt.

Bei anderen Gedichten hat H. englische Namen im Titel entfernt, der Behandlung des Inhalts entsprechend (vgl. S. 34), und dafür eine allgemeine, meistens aber eine bestimmte, charakteristische Ueberschrift gesetzt. So ist „Schottische Ballade" = „Sir John Grehme and Barbara Allan. A Scottisch Ballad", „Lied aus dem Gefängnis" = „To Althea from prison", „Wiegenlied einer unglücklichen Mutter" = „Lady Anne Bothwell's Lament", „Der Schiffer" = „Sir Patrick Spence. A Scottish Ballad", „Glückseligkeit der Ehe" = „Winifreda", „Der eifersüchtige König" (in A. V. „Junker Waters") = „Young Waters. A Scottish Ballad".

Das Streben nach poetischer Kürze anstatt prosaischer Definition bekundet H. bei der Wahl der Ueberschriften „Chloris" = „A description of Chloris", „Der Glückliche" = „The character of a happy life", „Die drei Fragen. Ein Strassenlied" = „A riddle wittily expounded", „Die Silberquelle" = „Good counsell to a young maid", „Die Wiese" = „A forsaken lover's complaint."

In solcher Weise hat H. seine englischen Vorlagen behandelt. Dass er dabei neue Bahnen eingeschlagen hat, darüber hat die Vergleichung mit den Uebertragungen vor ihm (vgl. S. 5—7) keinen Zweifel gelassen; dass er dabei neue Bahnen einschlagen musste, das folgt mit Naturnotwendigkeit aus seiner Ueberzeugung über den Ursprung und das innerste Wesen der Poesie. „Wohl den Schriftstellern unter uns, die da schreiben, als ob sie hören, die da dichten, als ob sie

sängen", so hatte er schon in den „Lit. Fragm." verkündet
(2, 40), und in den „Alten Volksliedern" führte er aus, dass
der Gesang, die Weise urverwachsen ist mit aller lebendigen
Dichtung: „Natur hat den Menschen frei, lustig, singend
gemacht: Kunst und Zunft macht ihn eingeschlossen, miss-
trauisch, stumm". (25, 82). Und wenn nicht gesungen, so
soll doch Alles laut gelesen werden, worum er in der „Terpsichore" für die Uebertragungen nach Balde bittet: „Man
lese seine Gedichte nicht mit den Augen allein, sondern höre
sie zugleich; oder wo es seyn kann, lese man sie laut, einem
andern. So wollen lyrische Gedichte gelesen seyn; dazu
sind sie gearbeitet. Mit dem Klange gehet ihr Geist hervor,
Bewegung, Leben." (27, 5). So stand es für H. von Anfang
an fest, dass ein gutes Gedicht von seiner Kunstform unzertrennlich ist, und dass der Uebersetzer, wenn irgend thun-
lich, nur in dieser nachdichten dürfe, und hierin wurde er
bahnbrechend. Nicht minder aber in der Behandlung der
Ausdrucksweise. Während Raspe, K. E. K. Schmidt im Stile
des damaligen Romanzentones geziert und süsslich, während
Ursinus unpoetisch und Eschenburg kleinlich übersetzten,
löste H. das Rätsel, indem er sich dem Wurf und Gang der
englischen Gedichte auf das Engste anschmiegte und doch
ein Deutsch redete, das vom Herzen zum Herzen ging. Möglich war dies, weil er eben, wie früher gesagt, (s. S. 2) der
Sprache der Leidenschaft nachstrebte, wie sie im Umgang
empfindender Menschen lebendig ertönt. Wohl hatte Klopstock der deutschen Dichtersprache den Ausdruck innigster
Empfindung und melodischen Wohllauts geschenkt, und Niemand konnte ihn höher preisen, als H. gethan (vgl. z. B. Adras-
tea V, 1, S. 98 ff. = 24, 220): aber während jener, die prosaische Sprache ängstlich meidend, bisweilen gesucht wird,
bleibt H. eben natürlich bei Verwendung aller jener Kunstmittel wie Inversionen, Ausrufe, Wiederholungen, wieder-
kehrender Gleichbau der Sätze. Wie schön spricht H. in den
„Blättern von dt. Art u. Kunst" (5, 164) über alles Wirkungsvolle, durch das die Vorstellungen sich in die Seele ein-
wühlen, durch das seine Uebertragungen nicht minder wie
die englischen Vorlagen belebt sind: „Je wilder, d. i. je

lebendiger, je freiwürkender ein Volk ist, (denn mehr heisst dies Wort doch nicht!) desto wilder, d. i. desto lebendiger, freier, sinnlicher, lyrisch handelnder müssen auch, wenn es Lieder hat, seine Lieder seyn! Je entfernter von künstlicher, wissenschaftlicher Denkart, Sprache und Letternart das Volk ist: desto weniger müssen auch seine Lieder fürs Papier gemacht, und todte Lettern Verse seyn: vom Lyrischen, vom Lebendigen und gleichsam Tanzmässigen des Gesanges, von lebendiger Gegenwart der Bilder, vom Zusammenhange und gleichsam Nothdrange des Inhalts, der Empfindungen, von Symmetrie der Worte, der Sylben, bei manchen sogar der Buchstaben, vom Gange der Melodie, und von hundert anderen Sachen, die zur lebendigen Welt, zum Spruch- und Nationalliede gehören, und mit diesem verschwinden — davon, und davon allein hängt das Wesen, der Zweck, die ganze wunderthätige Kraft ab, die diese Lieder haben, die Entzückung, die Triebfeder, der ewige Erb- und Lustgesang des Volks zu seyn! Das sind die Pfeile dieses wilden Apollo, womit er Herzen durchbohrt, und woran er Seelen und Gedächtnisse heftet! Je länger ein Lied dauern soll, desto stärker, desto sinnlicher müssen diese Seelenerwecker seyn, dass sie der Macht der Zeit und den Veränderungen der Jahrhunderte trotzen". Die segensreichen Wirkungen dieses neuen Evangeliums, besonders nach der Seite der Technik des poetischen Ausdrucks, im Einzelnen zu verfolgen, muss ich mir hier versagen.

Ebenso neu wie im sprachlichen Ausdruck war H's Uebertragungsweise in Bezug auf den Inhalt der Vorlagen: deutlich hat sich bei der Betrachtung der einzelnen Stücke gezeigt, dass er immer nur den Geist der englischen Gedichte zur reinsten Darstellung bringen will, dass er sich nicht an Einzelheiten klammert, sofern sie nicht zu ihrem Wesen gehören*), dass er oft genug der bessere Genius der englischen Muse geworden ist.

So bildet H. einen Markstein in der deutschen Uebersetzungskunst; das tritt besonders an seinen Stücken aus

---

*) vgl. auch Lauchert, II's griech. u. morgenländ. Anthologie u. Uebersetzungen aus Balde, S. 16. 22. 126.

Shakespeare hervor, wie M. Bernays, „Zur Entstehungs-
geschichte des Schlegelschen Shakespeare", meisterhaft klar-
gelegt hat. Nachdem er auseinandergesetzt, wie Schlegel
zunächst unter dem Banne Bürgers steht, sagt er: „Unter
den Deutschen war damals (1789) nur Einer, dessen Rath und
Beispiel den jungen Schlegel zu dem höchsten Ziele der Uebersetzungskunst hinleiten konnten: Herder allein hätte hier die
richtige Lehre zu ertheilen vermocht. In den Bruchstücken
einzelner Shakespearescher Scenen, die unter seine „Volkslieder" verstreut waren, hatte er schon längst dem Uebersetzer gleichsam vorgeschrieben, wie dieser sich verhalten
müsse, um in unserer Sprache den Geist des Dichters zum
lautern Ausdruck zu bringen. Die Unzulänglichkeit der Wie-
landschen Uebersetzung hatte niemand, wenn wir etwa den
heftig urtheilenden Gerstenberg ausnehmen, so scharf und leb-
haft empfunden wie Herder." (S. 46). Und wie sehr Schlegel,
durch welchen Shakespeare erst in Wahrheit für die deutsche
Dichtung erobert wurde, H's Verdienste zu schätzen wusste,
das zeigt am besten sein Brief an diesen vom 22. Mai 1797:
„Erlauben Sie mir, Ihnen hier den Anfang meiner Uebersetzung Shakespeare's zu übergeben, für welche Sie die Güte
hatten, sich mehrmals mündlich zu interessiren. Ich begleite
sie mit dem lebhaften Wunsche, dass Ihnen der Dichter, dessen
Eigentümlichkeit Sie mit so seelenvollen Blicken durchschauen,
nicht verfehlt zu seyn scheinen möge. Diess würde mir ein
sichrer Beweis von dem Gelingen meiner Bemühungen seyn
und meinen Eifer, damit fortzufahren, neu beleben. Sie haben
die Kunst, die verschiedensten Arten der Natur- und Volks-
poesie jede in ihrem Ton und ihrer Weise nachzubilden
auf eine vorher nie erreichte Höhe gebracht: ich würde stolz
darauf seyn, wenn das aufmerksamste, häufig wiederhohlte
Studium alles dessen, was Sie der Welt in diesem Fache
geschenkt, mir Ansprüche auf den Nahmen Ihres Schülers
darin geben könnte. So viel stärker man neben solchen Vor-
bildern auf der einen Seite die Unzulänglichkeit seiner Kräfte
fühlt, so fordern sie doch auf der andern zur Besiegung
von Schwierigkeiten auf, die sonst vielleicht unübersteiglich
geschienen hätten, und gewiss würde meine Arbeit weniger

mangelhaft ausgefallen sein, wenn wir eine Uebersetzung auch nur von einem einzigen Stücke Shakespeare's in dem Geiste besässen, worin Sie wenige einzelne Stellen übertragen haben" (s. Bernays, S. 98 u. 254). Doppelte Bedeutung erhalten diese Worte, da Bernays sagen kann: „Die Fähigkeit des deutschen Geistes, sich das Grosse aller Zeiten thätig anzueignen, er scheint in Schlegels Uebersetzung auf ihrem Gipfel." (S. 250.)

Was die Volkslieder H's und vor Allem die Uebertrag ungen aus dem Englischen für die Entfaltung der vaterlän dischen Poesie gewirkt haben, brauche ich nicht zu wieder holen. Weder Musse noch Beruf, weder Sinn noch Absicht hat er gehabt, ein deutscher Percy zu werden, so sagte er bescheiden genug (25, 308), aber er ist es doch geworden denn nur aus seinem Geiste ist das Wunderhorn, ist Uhlands Volksliedersammlung und manch andre erstanden Mächtig wirkten die Volkslieder auf die Zeitgenossen, be sonders auf Goethe, der ja schon vorher zu seinem un schätzbaren Gewinn in Strassburg mit H. in Berührung ge kommen war. Mit welchem Entzücken begrüsste Bürger die „Blätter von deutscher Art und Kunst", die ja ausser der Theorie schon einige Proben der Uebertragungen brachten in einem Brief an Boie vom 18. Juni 1773: „O Boie, Boie, welche Wonne! als ich fand, dass ein Mann wie Herder eben das von der Lyrik des Volkes und mithin der Natur deut licher und bestimmter lehrte, was ich dunkel davon schon längst gedacht und empfunden hatte. Ich denke, „Lenore" soll Herders Lehren einigermassen entsprechen". (s. Holz hausen, Ztschr. f. dt. Ph. XV, 303). Ich kann die Wirkung, die Herder als deutscher Percy ausübte, nicht besser aus drücken, als wenn ich schliesse mit den treffenden Worten J. E. Wackernells (Das deutsche Volkslied. 1890. Samm lung gemeinverständlicher wiss. Vorträge No. 106, S. 42): „Das Volkslied wurde wie Shakespeare ein Schlagwort für das junge geistesmächtige Dichtergeschlecht jener Zeit. Und so ist es gekommen, dass die Volksdichtung einen entscheidenden Ein fluss gewonnen hat bei der Wiedergeburt unserer deutschen Dichtung. Es ist bekannt, wie Goethe selbst Volkslieder sammelte; es ist bekannt, dass seine schönsten Lieder jene sind, wo er entweder geradezu ein Volkslied zu Grunde legt (Heidenröslein, Erlkönig u. s. w.), oder wo er im Geiste de Volksliedes dichtete, was vor der italienischen Reise über wiegend der Fall war. Und wie bei Goethe, so war es be Bürger, so war es bei den Romantikern, so war es bei der Freiheitssängern, so war es bei den Schwaben, und so wai es bei den meisten hervorragenden Lyrikern nach Goethe, und so wird es auch fernerhin sein! Das Volkslied ist in der That der Jungbrunnen geworden, der unsere nationale Lyrik verjüngte und ihr unaufhörlich neue Nahrung zuführt".

Alphabetisches Verzeichnis der Uebertragungen
mit Angabe der Originale.

———

*) Englischer Text abgedruckt in Ursinus. Balladen 1777. N. 120.

Berichtigung.

S. 10, Zeile 11: s. u. = S. 41.